Global Strategy Series

Petra Gessner
Carsten Gerz
Hayo Siemsen

Focus Chile

Visionen und Tips
für die intelligente Markterschließung

CHILE PROCHILE MINISTRY OF FOREIGN AFFAIRS
DEUTSCH-CHILENISCHE INDUSTRIE- UND HANDELSKAMMER
osec swiss export + trade
CORFO

Die Autoren:

Petra Gessner: Diplom-Volkswirtin, Universität Freiburg; Studien der Wirtschaftswissenschaften und Ethnologie am *Mount Holyoke College,* Mass. / USA sowie an der *Universidad Católica de Valparaíso,* Chile; ein Jahr freie Mitarbeiterin beim *Ministerio de Planificación y Cooperación,* V. Región / Chile; zwei Jahre Redakteurin im Referat Internationale Branchenanalysen bei der Bundesstelle für Außenhandelsinformation (bfai), Köln; seit 1998 Studien über europäische Investitionen in Lateinamerika; Studie über Mercosur in Planung.

Herweg 69, 51429 Bergisch Gladbach
Tel. & Fax: +49 2204-86068, e-mail: petra_gessner@gmx.net

Hayo Siemsen: Betriebswirtschaftsstudium an der Universität Regensburg (Diplom Kaufmann) und der *École Management Européen, Strasbourg*; während des Studiums aktiv im WSCF (*World Student Christian Federation*) und der Evangelischen Studentengemeinde; arbeitet seit fünf Jahren beratend über internationale Investitionsstandorte mit Länderstudien, vergleichenden Studien und Branchenauswertungen in Asien (China, Indien und Indonesien); weitere Studien in Mexiko, Brasilien und Chile; zur Zeit Vorbereitung einer Dissertation zum Investitionsstandortvergleich zwischen Asien und Lateinamerika.

Medersbach 22, 93128 Regenstauf, Deutschland
Tel.: +49 9402-782372, Fax: -782371, e-mail: *hayo.siemsen@gmx.net*

Carsten Gerz: Studium an der Fachhochschule für Finanzen Nordrhein-Westfalen, Nordkirchen (Diplom-Finanzwirt); Studium der Wirtschaftswissenschaften an der Universität GH Wuppertal (Diplom-Ökonom); mehrere Jahre Berufserfahrung als Steuerinspektor im gehobenen Dienst der Finanzverwaltung NRW; ein Jahr freier Mitarbeiter bei der Deutsch-Salvadorianischen Industrie- und Handelskammer; Unternehmensgründerberatung in der Wissenschaftstransferstelle der Universität Wuppertal; seit 1996 als Information Broker und Marktanalyst tätig. Autor von Studien über Märkte in Lateinamerika (El Salvador, Brasilien, Chile und Mexiko).

Sichelweg 5, 58256 Ennepetal, Deutschland
Tel. & Fax: +49 2333-75561, e-mail: *carsten.gerz@gmx.net,* URL: *http://go.to/Carsten.Gerz*

Herausgeber: Die Autoren

Stand: Januar 2000

Haftungsausschluß:

Alle Angaben wurden sorgfältig recherchiert und zusammengestellt. Für die Richtigkeit und Vollständigkeit des Inhalts sowie für zwischenzeitliche Änderungen übernehmen die Autoren keine Gewähr.

Druck: WB-Druck GmbH + Co. Buchproduktions KG, D-87669 Reden am Forggensee

ISBN 3- 00- 005609- 2

Vorwort

CHILE
PROCHILE
MINISTERIO DE RELACIONES EXTERIORES

Chile bietet ausländischen Investoren vielfache Geschäftsmöglichkeiten in verschiedenen Wachstumsbranchen und verläßliche Rahmenbedingungen. Das Land ist wirtschaftlich und politisch stabil. Zwar ging die Finanzkrise der „Emerging markets" auch an Chile nicht spurlos vorbei. So müssen nach den hohen Wachstumsraten der letzten Jahre für 1999 geringere Raten in Kauf genommen werden, und die Regierung hat ein Paket stabilitätspolitischer Maßnahmen ergriffen. Jedoch beweist die Krise auch, daß sich die marktwirtschafts- und stabilitätsorientierte Wirtschaftspolitik des Landes bewährt hat, denn langfristig ist der Wachstumskurs Chiles nicht gefährdet. Besonders ausländische Investoren brachten dem Investitionsstandort Chile auch 1999 ihr Vertrauen entgegen.

Neben seiner Stabilität bietet Chile ausländischen Investoren eine liberale Gesetzgebung, die sie mit inländischen Investoren gleichstellt, ein modernes Finanz- und Dienstleistungssystem, eine leistungsfähige Infrastruktur und einen offenen Markt ohne Handelsschranken, der sich in die Weltwirtschaft und besonders in den Wirtschaftsraum Latein- und Nordamerika integriert hat.

Diese und weitere Vorteile des Investitionsstandortes Chile zeigt die vorliegende Ausgabe der Studie "Focus Chile" auf, die über die üblich bekannten Informationen weit hinaus geht. Detaillierte Befragungen europäischer Investoren in Chile wurden vorgenommen und zeichnen ein sehr genaues Bild der Motive dieser Unternehmen und zukünftiger Marktchancen.

ProChile, die staatliche Wirtschaftsförderungsagentur Chiles unter dem Dach des Außenministeriums, hat die Durchführung der Studie unterstützt. Wir hoffen, daß die Studie deutschen und europäischen Unternehmen als Leitfaden bei ihren Investitionsentscheidungen in Chile dient und so einen Beitrag zur Vertiefung der Wirtschaftsbeziehungen leisten wird.

Bonn, im Oktober 1999

Dr. Hugo Calderón
Wirtschaftsattaché
Botschaft von Chile - ProChile

Inhalt

Anhang - Nützliche Internetadressen

Hinweise der Autoren

Wechselkurse basieren auf dem Stand vom 7. Januar 2000:

DM 1,00 = Chilenischer Peso ($) 274,92

Quelle: Reuters

Management Summary

Handelskontakte weltweit

Die engen Handelskontakte Chiles zu vier Kontinenten (Nord- und Südamerika, Europa und Asien) machen das Land als Stützpunkt in einer Global- bzw. Lateinamerikastrategie sehr interessant. Mit der erfolgreichen Diversifizierung der Exportmärkte haben die Chilenen effiziente Vertriebskanäle aufgebaut, die ausländische Investoren als besonders attraktiv empfinden. 45% der befragten europäischen Unternehmen planen, in den nächsten fünf Jahren in die Mercosurstaaten zu exportieren; 34% wollen ihre Ausfuhren in die anderen nord- und südamerikanischen Länder ausweiten. Die starke Exportwirtschaft eröffnet ausländischen Unternehmen weitere Chancen: Die zunehmende Verarbeitung der traditionellen Exportprodukte - Kupfer, Holz, Fisch und Obst - erfordert die Entwicklung und den Einsatz von neuer Technologie.

Chile als Klassenprimus in Lateinamerika

Chile glänzte in den 90er Jahren mit hohen Wachstumsraten, hohen Spar- und Investitionsquoten und einer sich kontinuierlich verringernden Inflationsrate. Diese Erfolge sind das Ergebnis der konsequent durchgeführten Öffnungs- und Liberalisierungspolitik in den 70er und 80er Jahren. Kein anderes lateinamerikanisches Land setzte Reformen und Privatisierungen so frühzeitig und zügig um. Zudem besticht Chile mit seiner klar und langfristig ausgerichteten Geld- und Fiskalpolitik, der unabhängigen Zentralbank, dem soliden Finanzsektor und dem schlanken Staat. Vor allem aber kann sich Chile mit seinem Ruf als korruptionsfreies Land rühmen.

Ausländisches Engagement problemlos

Seit Jahren bestehen in Chile eine liberale Gesetzgebung und großzügige Genehmigungspraxis für ein ausländisches Engagement. Es gilt generell der Grundsatz der Gleichbehandlung in- und ausländischer Investitionen. 100% Tochterunternehmen dürfen nahezu unbeschränkt in allen Wirtschaftsbereichen gegründet werden. Direktinvestitionen lassen sich im internationalen Vergleich relativ schnell verwirklichen. Zwischen den ersten konkreten Schritten, z.B. der Kontaktaufnahme mit dem lokalen Partner und dem Beginn der Geschäftstätigkeit, liegen durchschnittlich 9 Monate. Importrestriktionen für Güter oder Dienstleistungen gibt es kaum; auch Gebrauchtwaren dürfen mit wenigen Ausnahmen importiert werden. Der einheitliche Zollsatz von 10% in 1999 wird bis 2003 stufenweise auf 6% gesenkt.

Infrastruktur mit nur wenigen Engpässen

Chile steht im Vergleich der Infrastrukturstandards mit anderen lateinamerikanischen Ländern sehr gut da. Die befragten Unternehmen bewerten den bereits 1985 privatisierten Sektor der Telekommunikation als einen der effizientesten und wettbewerbsfähigsten weltweit, sogar im Vergleich zu den Industrienationen. Die Stromversorgung gilt generell als gesichert. Probleme im Transportwesen werden durch die zum Teil schon begonnenen Privatisierungen des Straßennetzes, der Hafenanlagen und Flughäfen kontinuierlich verringert. Engpässe bestehen allerdings noch bei der Wasserversorgung, da Chile mit Ausnahme des Südens über wenige Wasseradern verfügt. Auch hier soll die Teilprivatisierung der Wasserwerke zur Lösung des Problems beitragen.

Gesamtkosten 14% niedriger

Die Vollkosten der europäischen Unternehmen vor Ort liegen mit einem Mittelwert von 86% im Vergleich zu einem westeuropäischen Standort zwar niedriger, aber Chile kann mit Lohn- und Lohnnebenkosten von 60% gemessen an einem europäischen Standort grundsätzlich nicht als „Niedriglohnland" bezeichnet werden. Die meisten Unternehmen, die in Chile produzieren, beliefern angesichts des kleinen Binnenmarktes auch andere Märkte. Nur so lassen sich Massenproduktionsvorteile verwirklichen. Die geringen Transportkosten und Zollbelastung für importierte Rohstoffe und Zulieferteile wirken sich positiv auf das Kostenniveau aus. Nachteile hingegen bestehen in der zum Teil geringen Produktivität, bedingt u.a. durch einen niedrigen Mechanisierungsgrad und unzureichende Qualifikation der Mitarbeiter. Das Kostenniveau bei Handel und Dienstleistungen ist verhältnismäßig niedrig. Das gute Ausbildungsniveau in diesen Sektoren und die Händlermentalität der Chilenen schlagen sich in der relativ hohen Produktivität im Vergleich zum verarbeitenden Gewerbe nieder.

Chile verfügt über international wettbewerbsfähige Steuersätze. Die befragten Unternehmen schätzen die Belastung mit Steuern und Abgaben in Chile im Vergleich zu Europa eher indifferent ein. Trotz geringer Steuervergünstigungen verbuchten Betriebe mit europäischer Beteiligung im abgelaufenen Geschäftsjahr eine durchschnittliche Umsatzrendite nach Steuern von 7,9%. Ein Fünftel der befragten Unternehmen verzeichnete sogar eine Umsatzrendite nach Steuern von mindestens 13%. Die Unternehmen benötigen im Durchschnitt nur 3,7 Jahre, bis sie erstmals die Gewinnzone erreichen. Besonders gute Gewinne erzielten Unternehmen in der Chemie & Pharmabranche.

Solide Erträge in überschaubarem Zeitraum

In Chile lassen sich sowohl hoch qualifizierte Arbeitskräfte wie Betriebswirte oder Ingenieure als auch niedrig qualifizierte Mitarbeiter problemlos rekrutieren. Mangel herrscht aber insbesondere an gut ausgebildeten Facharbeitern. 42,5% der befragten europäischen Unternehmen hätten im Fall einer Neueinstellung Schwierigkeiten, einen geeigneten Facharbeiter für spezielle Aufgaben zu finden. Um ihren Bedarf an guten Mitarbeitern zu decken, haben die Unternehmen in Chile maßgeschneiderte Aus- und Fortbildungsprogramme für ihre Beschäftigten entworfen. 93% der befragten Unternehmen bieten Ausbildungseinheiten für ihre Mitarbeiter an, die über ein reines *Training on the Job* hinausgehen. 70% der Unternehmen bewerten ihre Ausbildungsprogramme als erfolgreich.

Aus- und Weiterbildung in Eigenregie erforderlich

- Der Wettbewerb auf dem chilenischen Markt wird häufig unterschätzt. In allen Branchen ist die Konkurrenz sowohl durch lokale als auch importierte Produkte in den letzten Jahren gestiegen. Wer in den kleinen aber harten Markt neu einsteigt, sollte ihn zunächst gründlich analysieren. Nur eine sorgfältig ausgearbeitete Eintrittsstrategie führt zum Erfolg.
- Die Chilenen sind sehr erfahrene und clevere Geschäftsleute und setzen ihre Interessen gezielt durch. Mit großem Verhandlungsgeschick gestalten sie Verträge zu ihrem eigenen Vorteil. *Newcomer* im Markt sind nicht selten von der professionellen Vorgehensweise der Chilenen überrascht und in ersten Gesprächen ungenügend vorbereitet. Die befragten Unternehmen empfehlen daher, von Beginn der Vertragsverhandlungen an einen guten Rechtsanwalt zu Rate zu ziehen.
- Die chilenische Gesellschaft ist klein und geschlossen. Außenstehende müssen zunächst viele persönliche Fragen über sich ergehen lassen. Erst dann entscheiden Chilenen, ob man zum „Club" gehört oder nicht. Um in bestimmte Geschäftskreise einzudringen, lohnt es sich, viel Zeit und Geduld in den Aufbau einer freundschaftlichen Geschäftsbeziehung zu investieren.

Risiken für den Geschäftserfolg

Die überwiegende Mehrheit der Befragungsteilnehmer sieht ihr unternehmerisches Engagement in Chile als eine lohnenswerte Investition. 87,5% der befragten europäischen Unternehmen sind mit der *Performance* ihrer Unternehmen zufrieden und würden erneut investieren. 88% sind der Ansicht, daß die wirtschaftliche Entwicklung ihres Chileengagements die ihres europäischen Mutterhauses übertrifft. Auch im Vergleich mit anderen ausländischen Unternehmen der Muttergesellschaft beurteilen knapp 47% der befragten europäischen Unternehmen den Ertrag ihres chilenischen Betriebes positiv.

Zufriedenheit mit Engagement in Chile

Wachstumsbranchen (Auswahl): Bergbaumaschinen und -ausrüstung, Holzverarbeitung, Agrarindustrie, Be- und Verarbeitung von Nahrungsmitteln (Fisch und Obst), Biotechnologie, Chemie, Spezialmaschinenbau, Transport, Energiewirtschaft, Umwelttechnologie, Informationstechnologie, Software, Ingenieursdienstleistungen, Logistik, Finanzdienstleistungen, Telekommunikation, Groß- und Einzelhandel, Tourismus.

Zukünftige Marktchancen

Visionen und Tips für die intelligente Markterschließung

I. Focus Chile - Die Rolle Chiles in einer globalen Strategie

1. Das neue Gesicht der Investitionen - Visionen und Strategien für das neue Jahrtausend

Vor der Globalisierung der Finanzmärkte und der Liberalisierung des Welthandels durch GATT (General Agreement on Tariffs and Trade) und dessen Nachfolgeorganisation WTO (World Trade Organisation) wurden die meisten Investitionen von Großkonzernen getätigt. Sie umgingen die Schutzwälle aus Zöllen und Importsteuern durch eine lokale Produktion oder nahmen an Infrastrukturgroßprojekten teil. Nun sind die Zollschranken zum großen Teil durch die Liberalisierung gefallen, so daß auch mittelständische Unternehmen in der Lage sind, die Hürden für eine Präsenz im Ausland zu überwinden und sich mit kleinen Schritten in neue Märkte vorzuarbeiten. Diesen Weg müssen gerade die in einer technologischen Nische tätigen Unternehmen gehen, wenn sie in den sich globalisierenden Produktionsmärkten überleben wollen. Kleine und mittlere Unternehmen verfügen normalerweise nicht über die personellen und finanziellen Ressourcen, um in allen Ländern gleichzeitig zu investieren. Daher sollten die zur Auswahl stehenden Märkte im Vorfeld gründlich auf ihre Risiken und Chancen analysiert werden. So kann sich der Investor für ein Engagement in demjenigen Land entscheiden, das den unternehmensspezifischen Anforderungen am besten gerecht wird. Die vorliegende Studie ordnet Chile in dieses Gesamtbild des globalen Marktes ein.

2. Der Puma auf dem Sprung

Chile brillierte in den 90er Jahren durch hohes Wirtschaftswachstum mit durchschnittlich ca. 7% pro Jahr. Daher wurde es lange Zeit als Puma[1] mit den asiatischen Tigern verglichen. Chile profitierte insbesondere von seinen Exporten von Kupfer, Holz-, Fisch- und Agrarprodukten. Kleine Ironie, daß das Land seit Ende 1997 durch drei gleichzeitig auftretende Krisen ausgerechnet in seinen starken Bereichen gebremst wird: eine durch *El Niño* bedingte Dürre, weltweit niedrige Rohstoffpreise und der Wegfall wichtiger Absatzmärkte durch die Asienkrise. Trotzdem gilt Chile als wirtschaftlich und sozial relativ stabil. Die Mehrheit der Experten betrachtet den Rückgang des Wirtschaftswachstums seit Anfang 1998 als temporär. Solange nicht weitere Probleme, z.B. durch eine größere Krise in Brasilien, hinzukommen, wird die Talsohle im Jahr 1999 durchschritten sein. Chile ist zwar durch seine Exportabhängigkeit schneller von internationalen Geschehnissen betroffen, hat jedoch auch bessere Möglichkeiten dies auszugleichen.

[1] Die Abbildung links zeigt eine stilisierte indigene Darstellung eines Pumas.

A) Das „chilenische Modell" - Der Einfluß der *Chicago Boys*

Das chilenische Modell ging von guten Kontakten chilenischer Professoren zur *University of Chicago* aus. Unter Pinochet wurden nun diese Kontakte verstärkt gepflegt und Wirtschaftswissenschaftler gezielt aus Chicago nach Chile geholt (die sogenannten *Chicago Boys*), um dort die Wirtschaftspolitik zu gestalten. Die Politik der *Chicago Boys* unterstützte vor allem die Liberalisierung und Öffnung der Wirtschaft. Konkrete Maßnahmen umfaßten unter anderem Privatisierungen (z.B. in der Telekommunikation), Reformen des Finanz- und Rentensystems sowie der Abbau bürokratischer Hemmnisse. Außerdem wurde die Diversifizierung nach Produkten und Absatzmärkten der Exportwirtschaft massiv gefördert. So ist Chile das einzige lateinamerikanische Land, das beachtliche Exporte in den asiatischen Raum zu verzeichnen hat.

Keine Korruption im Staatsapparat

Immer noch gilt Chile in vielen Bereichen als Modellvolkswirtschaft. Durch die fehlende Korruption[2] im Staatsapparat kann die Wirtschaftspolitik effizient umgesetzt werden. Aber jetzt geht es um die nächsten Schritte: Einige wichtige Reformen, z.B. in der Infrastruktur oder im Bildungssektor, stehen an. Die Wirtschaft ist auf Export ausgerichtet, aber der Verfall der Rohstoffpreise nach der Asienkrise hat gezeigt, daß die Förderung von Rohstoffexporten auf Dauer zu einseitig ist. Chilenen versuchen nun eine verarbeitende Sekundärindustrie rund um die Rohstoffe aufzubauen, um durch Veredelung die Abhängigkeit von Standardgütern (*Commodities*) zu verringern. Wird Chile die notwendigen Reformen verschleppen, oder wappnet es sich für die nächste Etappe des Weges?

B) Chile als Testmarkt - Klein aber hart

Der chilenische Markt ist mit ca. 15 Mio. Einwohnern relativ klein und geographisch isoliert. Warum empfinden ihn also viele Unternehmen als so interessant? Einerseits gilt der Markt als gut strukturiert. Andererseits ist er durch die frühe Öffnung und Liberalisierung sehr konkurrenzerprobt.

Chile liegt „am Ende der Welt, wo der Teufel seinen Poncho verloren hat." (Chilenisches Sprichwort)

Chile ist überschaubar, verglichen mit Ländern wie Brasilien. Wie ein schmaler Schlauch windet es sich zwischen dem Pazifik und den Anden, begrenzt durch die Atacamawüste im Norden und einem borrealen Nadelwald mit Gletschern im Süden. Da die Hauptstadt Santiago mit 5 Mio. Einwohnern ein Drittel der Gesamtbevölkerung umfaßt, befindet sich dort ein Großteil der Industrie, der Dienstleistungen und damit auch der potentiellen Kunden und Lieferanten. Nahezu alles wird zentralistisch von Santiago aus gesteuert. Die Gesellschaft ist klein und geschlossen. Dadurch wirkt sie vielfach konservativ, auch bei der Nachfrage.

Es heißt, wer sich auf dem chilenischen Markt durchsetzt, kann sich überall in Lateinamerika durchsetzen. Durch die frühe Öffnung und Liberalisierung Chiles in den 70er Jahren hat sich der Binnenmarkt sehr weit entwickelt. Der Wettbewerb in- sowie ausländischer Produkte um Marktanteile heizt die Konkurrenzsituation an. Produkte, die in Chile überleben wollen, müssen daher international wettbewerbsfähig sein. Mittlerweile machen andere lateinamerikanische Märkte ähnliche Entwicklungen durch. Chile gilt dabei als Vorbild.

[2] Zum Beispiel warnen bekannte Reiseführer ausdrücklich vor dem Versuch, einen *Carabiniero* oder Zollbeamten bestechen zu wollen.

Nach Ansicht von Experten hat der chilenische Markt in diesen Entwicklungen einen Vorsprung von etwa 10 bis 20 Jahren[3], d.h. wenn sich die anderen lateinamerikanischen Länder weiter liberalisieren, werden die wirtschaftlichen Rahmenbedingungen dort in 10 bis 20 Jahren in etwa dem heutigen Stand in Chile entsprechen. Einige kritische Stimmen geben daher zu bedenken, daß sich Chile gerade durch seine günstigen Rahmenbedingungen nicht generell als Pilotmarkt für andere lateinamerikanische Märkte eignet. So sind z.B. in Argentinien oder Brasilien in vielen Bereichen wie Politik, Wirtschaft, Infrastruktur, Bürokratie oder Korruption die Vorzeichen im Vergleich zu Chile genau umgekehrt, so daß man schwerlich in Chile den „Ernstfall" proben kann. Trotz dieser Einwände lassen sich die Pro-Argumente nicht von der Hand weisen: Neue Produkte und Konzepte lassen sich im kleinen Rahmen mit vergleichsweise niedrigem Kostenaufwand testen. Wenn heute Produkte auf dem chilenischen Markt Erfolg haben, eignen sie sich zumindest mittelfristig auch für andere lateinamerikanische Märkte.

> „Wenn unser Produkt es hier schafft, dann überall."

C) Die asiatische Grippe und Chiles Internationalisierungsstrategie

Chile hat seine Exportmärkte erfolgreich diversifiziert: jeweils etwa ein Drittel der Exporte gehen nach Europa, Nord- und Südamerika bzw. Asien. Die relativ starke Asienorientierung Chiles als Asien*gateway* für Lateinamerika, bedingt durch seine Lage am Pazifik, ließ Chile einerseits vom Boom in Asien profitieren, andererseits aber unter der Asienkrise leiden. Während der große Teil Lateinamerikas nur indirekt durch die Unsicherheiten auf den internationalen Finanzmärkten von der Asienkrise betroffen war, gingen Chiles Exporte 1998 in die asiatischen Länder um 36% zurück.

Die chilenische Wirtschaft ist bestrebt, die Rückgänge durch verstärkte Exporte in andere Märkte auszugleichen. Außerdem muß die Diversifikation durch Veredelung und damit einer größeren Produktpalette vorangetrieben werden. Ob die neue Strategie Chiles Erfolg hat, sich als regionales Handelszentrum (wie Singapur) zu etablieren und einen Großteil des Handels zwischen Asien und Südamerika zu kontrollieren, bleibt abzuwarten. Interessanter erscheint in diesem Zusammenhang der Trend, daß chilenische Unternehmen in den Nachbarländern Schlüsselindustrien besetzen um die Zulieferwege zu kontrollieren und damit den Absatz eigener Produkte zu fördern. Die Exportwirtschaft bleibt weiterhin das wichtigste Standbein des chilenischen Wachstums. Experten raten Unternehmen, die von dem chilenischen Markt profitieren wollen, sich auf diesen Bereich zu konzentrieren.

> „Am Prozeß der expansiven Exportwirtschaft teilhaben."

[3] Etwa 10 Jahre zu Staaten wie Brasilien, Argentinien und Mexiko und 20 Jahre zu anderen Staaten.

D) Chilenen - Die Preußen Lateinamerikas

„Zwei Chilenen - drei Vereine"

Chilenen gelten als die Preußen Lateinamerikas. Diesen Ruf haben sie insbesondere der straffen Organisation ihres Landes zu verdanken. Deutschsprachige Europäer loben das ihrer Meinung nach einzige lateinamerikanische Land, das „funktioniert". Frei nach dem Sprichwort, „zwei Deutsche, zwei Vereine", heißt es in Chile, „zwei Chilenen, drei Vereine". Andererseits vermissen eingefleischte Lateinamerikafans die Exotik und Spontanität, die sie in anderen Ländern des Kontinents erfahren haben. Sie empfinden Chilenen beim ersten Kennenlernen als sehr freundlich, aber auch als förmlich und verschlossen. Chilenen sagen im allgemeinen nicht direkt was sie denken und erzählen „Geschichten". Sie gewichten Wahrheiten anders. Ausländer werden zunächst mit vielen Fragen „getestet", ob sie „dazu gehören", oder nicht. Der Status spielt dabei eine sehr wichtige Rolle.

> „Außenstehende müssen zuerst zweitausend Fragen über sich ergehen lassen."

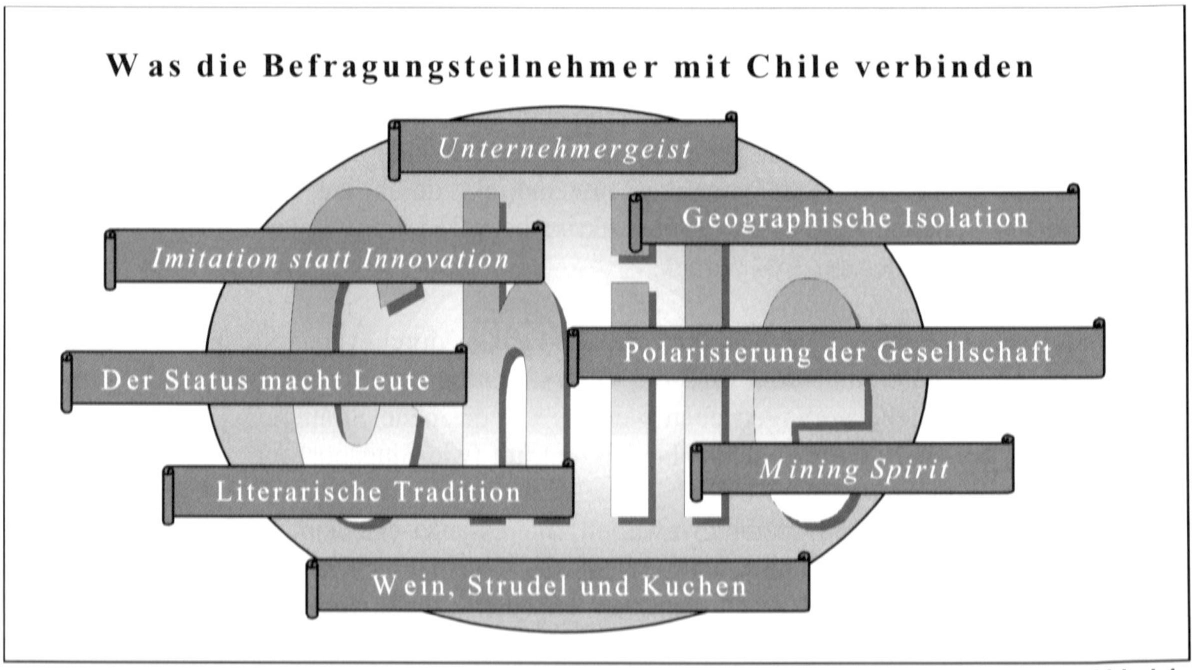

Abb. I-1

Die Frage nach der chilenischen Mentalität können viele Chileexperten nur mit Mühe beantworten. Dies liegt auch daran, daß viele ausländische Einflüsse Chile geprägt haben und prägen. Lange Zeit hatten die Spanier, später deutsche Einwanderer[4], aber auch britische Händler einen starken Einfluß. Inzwischen kommt es in vielen Bereichen zu einer starken US-Amerikanisierung, der sogenannten „Sandwichkultur". In Abb. I-1 werden schlagwortartig die Assoziationen der befragten Europäer mit Chile aufgeführt.

[4] Z.B. hat der preußische Offizier Emilio Körner von 1891 bis 1910 die Organisation des chilenischen Militärs reformiert.

E) Chile als wichtiges Element einer Südamerika- und einer panamerikanischen Strategie

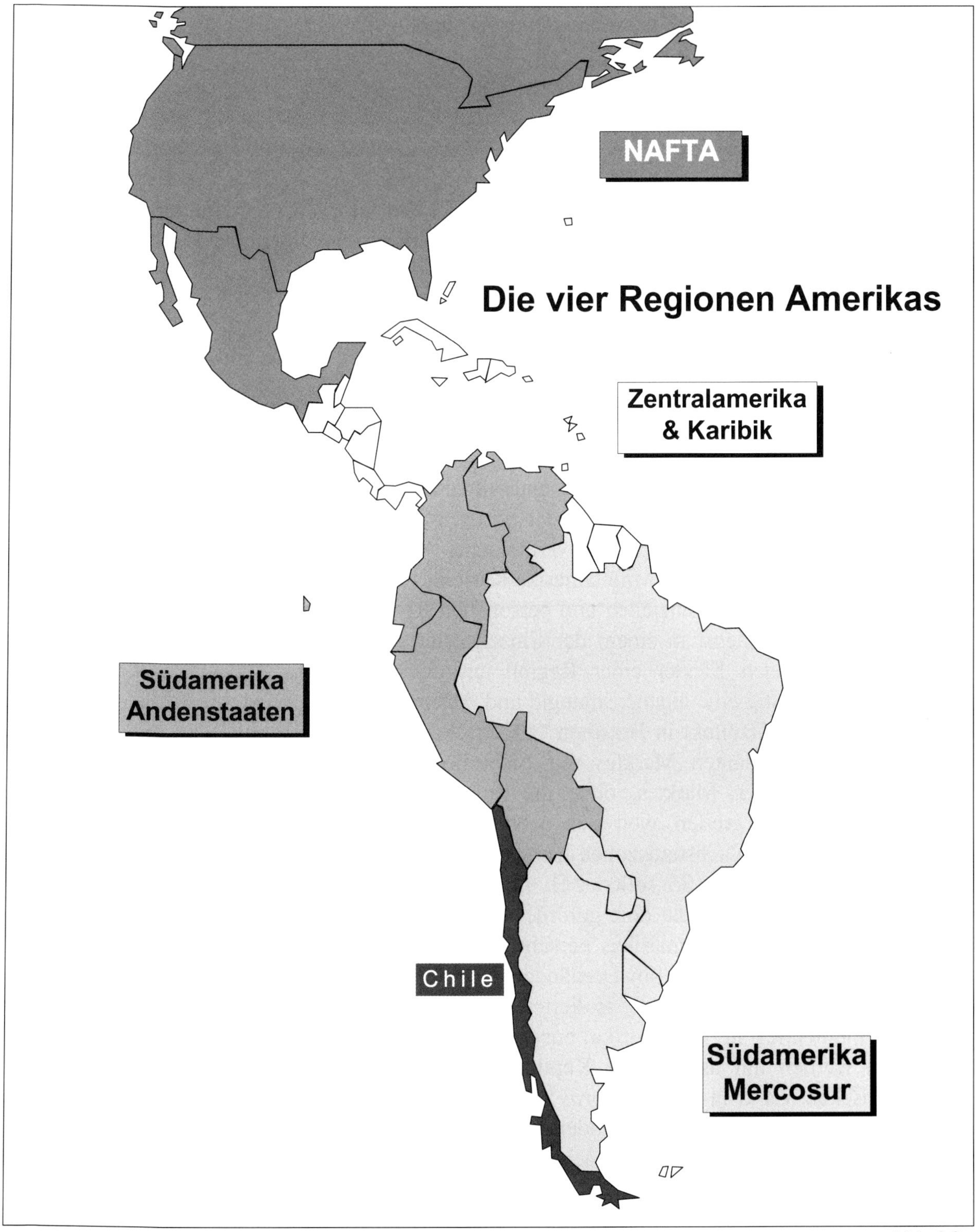

Abb. I-2

Wegen der Verschiedenheit seiner Länder und Regionen kann Lateinamerika schwerlich als eine Einheit betrachtet werden. Auch in den großen Ländern wie Brasilien und Mexiko ist auf lokale Gegebenheiten und regionale Wirtschaftsstrukturen Rücksicht zu nehmen. Chile nimmt durch seine geographische Lage und historische Entwicklung eine Sonderrolle ein, die es in der letzten Zeit zu seinem Vorteil genutzt und ausgebaut hat.

Lateinamerika wird in vier Regionen unterteilt:[5]

- **NAFTA** (*North-American Free Trade Agreement*) mit Mexiko, USA und Kanada

- **Zentralamerika & Karibik** mit Guatemala, El Salvador, Belize, Honduras, Nicaragua, Costa Rica, Panama, Kuba, Haiti, Jamaika, Dominikanische Republik, Barbados, Trinidad und Tobago, Guayana, Surinam, Franz. Guayana

- **MERCOSUR** (*Mercado Común del Sur*) mit Brasilien, Argentinien, Paraguay, Uruguay und den assoziierten Ländern Bolivien und Chile

- **Die Gemeinschaft der Andenstaaten** mit Bolivien, Peru, Ecuador, Kolumbien, Venezuela

Der panamerikanische Markt muß bei einer Investitions- / Exportstrategie in „verdaubare" Portionen unterteilt werden. Aufgrund der wirtschaftlichen, geographischen und kulturellen Affinitäten bietet sich eine vereinfachte Aufteilung der Märkte in drei Großregionen an: NAFTA, Mittelamerika/Karibik, Südamerika (mit Nucleus MERCOSUR). Um die finanziellen und personellen Risiken zu minimieren, sollte das Engagement zunächst in einem der Einzelstaaten beginnen und schrittweise auf die umliegenden Länder einer Region ausgeweitet werden. Jeder Markt erfordert längerfristig eine eigene Strategie und Aufmerksamkeit. Wird z.B. Chile nur durch einen Stützpunkt in Brasilien "abgedeckt", kann das Potential und die strategische Lage dieses interessanten Marktes mit Sicherheit nicht ausgeschöpft werden. Auch das Bedienen des lokalen Marktes, ohne die regionalen Zusammenhänge zu beachten, kann mittelfristig zu kurz greifen, weil sich neben den nationalen Wirtschaftszentren zunehmend länderübergreifende Wachstumszonen herausbilden (z.B. Nordmexiko - Texas; Südbrasilien - Argentinien - Uruguay). So sollen z.B. mit Geräten und Know-how aus Chile Minen in Argentinien errichtet und die dort geförderten Rohstoffe über Chile nach Asien und an die Westküste Nord- und Südamerikas verschifft werden. Río Grande do Sul, Brasiliens bisher vernachlässigte Grenzprovinz im Dreiländereck mit Uruguay und Argentinien, hat sich durch die Integration der vorher isolierten Märkte zum Schlüsselstandort (z.B. der Automobilindustrie) in Südamerika entwickelt. Oder im sogenannten "Tijuana Dreieck" (Mexiko) werden mit asiatischem Kapital (aus Korea und Japan) Produkte für den US-amerikanischen Markt in *Maquiladoras* (lohnveredelnde Betriebe) hergestellt. Die beteiligten Staaten bemühen sich, eine länderübergreifende Harmonisierung der Handels- und Investitionsbedingungen in diesen Wachstumsdreiecken zu erreichen.

Markt in „verdaubare" Portionen unterteilen

[5] Unter Fachleuten wird die Zugehörigkeit einzelner Länder zu den Großregionen diskutiert, jedoch nicht die grundsätzliche Einteilung.

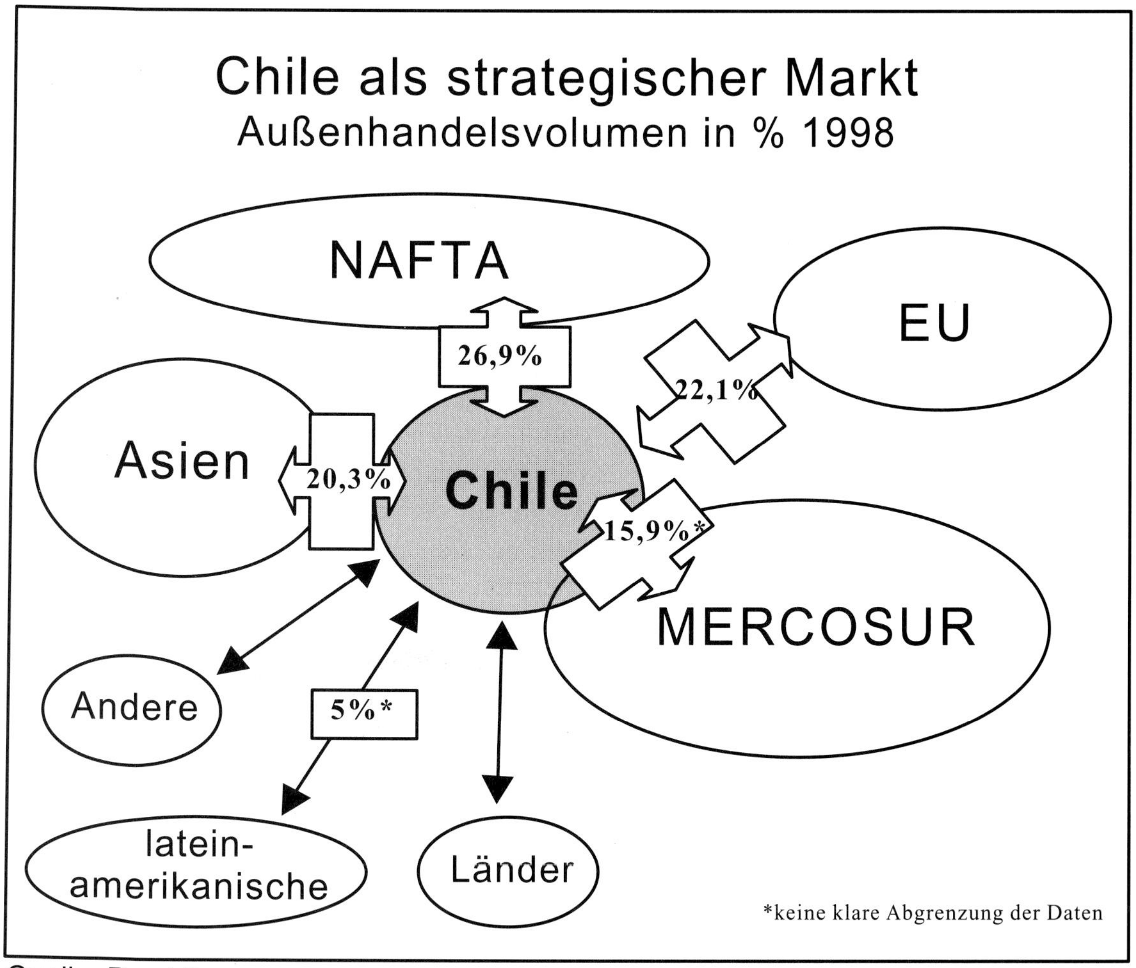

Quelle: Prochile

Abb. I-3

Chile kann in jeder panamerikanischen Strategie eine wichtige Rolle einnehmen (vgl. Kap. IX.2). Das Land hat klare komparative Standortvorteile: Chile ist das politisch und wirtschaftlich stabilste Land Lateinamerikas. Seine Politik des *„Regionalismo abierto"* (Offener Regionalismus), eine Kombination aus dem einseitigen Abbau von Handelshemmnissen (z.B. Senkung der Zollsätze) und vielen Handelsabkommen weltweit, bietet eine gute strategische Ausgangsposition für die Expansion in andere Märkte. Die logistischen Vorteile des Stützpunktes Chile unterstreichen seine Funktion als ein Handelszentrum innerhalb der Region.

3. Ziel und Aufbau der Studie

A) Entscheidungshilfe bei Direktinvestitionen und der Wahl von Exportmärkten für den Mittelstand

Ein wichtiges Ziel dieser Studie besteht darin, mittelständische Unternehmen[6] bei ihrer globalen Ausrichtung auf den Export und den langfristigen Zielen ihrer Investitionsplanung zu unterstützen sowie die Rolle Chiles in einer globalen und Lateinamerikastrategie aufzuzeigen. Viele Betriebe sind mit einer Kostenexplosion in Europa und zunehmender internationaler Konkurrenz konfrontiert. Ein direktes Engagement ist ein Weg zum Reduzieren von Kosten und zum Erschließen neuer Absatzmärkte, die sonst den Konkurrenten überlassen bleiben.

Grundlage der Studie bilden die Daten einer ausführlichen Unternehmensbefragung (persönliche Interviews und Fragebögen) in Chile. In Verbindung mit statistischem Material liefern sie praxisbezogene Informationen zur Planung und Durchführung von Investitionen. Der Schwerpunkt der Befragung liegt bei Unternehmen, die z.B. mit Direktinvestitionen sehr intensive Erfahrungen im Markt gemacht haben. Viele dieser Unternehmen haben zunächst mit Export / Import angefangen, bevor sie mit einer Investition ihr Engagement erweitert haben.

Auf dieselbe Weise sind Befragungen in Brasilien, Mexiko, China, Indien, Pakistan und Indonesien durchgeführt worden. Das läßt einen Vergleich[7] dieser Standorte bezüglich ihrer Stärken und Schwächen zu. Die Studien berücksichtigen alle wesentlichen Investitionsaspekte von der wirtschaftlichen Entwicklung im Zielland bis zu einer Analyse der Produktions- und Arbeitskosten. Mit Hilfe der Ergebnisse werden Strategien zum Minimieren des Risikos entwickelt und Faktoren, die den langfristigen Erfolg eines Engagements begünstigen, aufgezeigt.[8]

B) Die Datenbasis der Studie - Unternehmensbefragung und Expertengespräche vor Ort

Von 1997 bis Anfang 1999 wurden Marktstudien in Chile, Brasilien und Mexiko durchgeführt, bei denen insgesamt mehr als 400, vorwiegend europäische Unternehmen und deren lateinamerikanische Partner, befragt wurden. Davon bilden die 83 Vertreter von europäischen Unternehmen in Chile die Basis der vorliegenden Studie.

In den untersuchten Ländern wurden die Unternehmen mit einem standardisierten Fragebogen interviewt. Neben Fragen mit und ohne vorgegebene Antwortalternativen wurden häufig geschlossene Fragen mit einer Ratingskala verwendet. Dieser Typus findet sich vor allem bei der Einschätzung bestimmter Sachverhalte, z.B. bei der Beurteilung des allgemeinen Investitionsklimas. Die Befragungsteilnehmer konnten ihre Einschätzung auf einer Skala zwischen 1 und 5 angegeben, wobei Skalendefinitionen wie 1 = „sehr hoch" bis 5 = „sehr niedrig" oder 1 = „sehr wichtig" bis 5 = „unwichtig" verwendet wurden.

---

[6] Die europäischen Großunternehmen sind meist schon seit vielen Jahren in Lateinamerika vertreten. Sie können den Standortvergleich anhand des umfangreichen statistischen Materials zur Vorbereitung weiterer Investitions-entscheidungen verwenden.

[7] Die Vergleichbarkeit der Standorte wird durch ein Länderrating erreicht, das in Vergleichsstudien der Autoren vorgestellt wird.

[8] Zu den weiteren Publikationen siehe Publikationsverzeichnis auf der Rückseite dieser Studie.

Branchenverteilung der Befragungsteilnehmer in Chile*

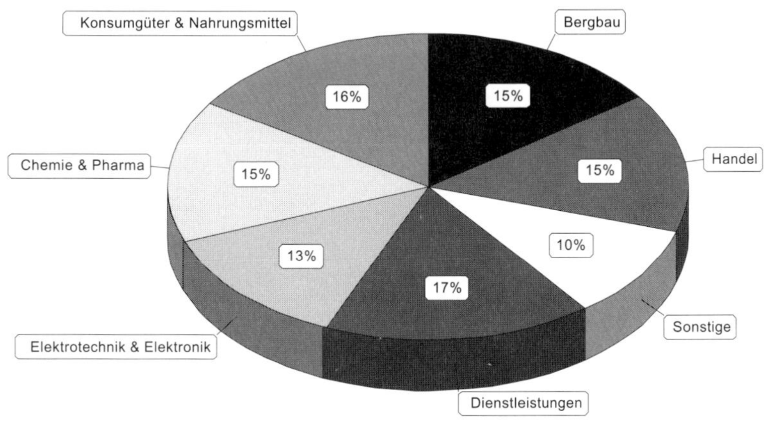

Abb. I-4

* In Chile spielt nicht der **Maschinenbau**, sondern der Handel mit Maschinen eine bedeutende Rolle. Daher fallen Unternehmen, die Maschinen aus Europa importieren, unter verschiedene Branchen (z.B. Nahrungsmittel- und Verpackungsmaschinen unter Konsumgüter & Nahrungsmittel)

Zusätzlich zu den europäischen Vertretern vor Ort wurden die lateinamerikanischen Partner der Joint Ventures befragt und die Übereinstimmungen bzw. Einschätzungsunterschiede dieser beiden Gruppen in die Interpretation der Ergebnisse integriert. Weiterhin wurden die Befragungen um Gespräche vor Ort mit Experten aus Politik und Wirtschaft (z.B. Rechtsanwaltskanzleien, Handelskammern, Unternehmensberatungen, Botschaften und Handelshäuser) sowie um Interviews mit Vertretern der europäischen Mutterunternehmen ergänzt.

Beim Bewerten einzelner Faktoren wurden zusätzlich zu den Einschätzungen der Befragungsteilnehmer vor Ort auch statistische Daten einbezogen. In der Studie ist statistisches Material staatlicher und privater Institutionen mit einer Quellenangabe versehen. Anderenfalls handelt es sich um Antworten der Interviewpartner.

Wir verbinden Europa mit Südamerika

LANCHILE
Die chilenische Fluglinie

Täglich ab Deutschland
Wir fliegen Sie täglich – ohne umsteigen – von Frankfurt nach Madrid, São Paulo und Santiago de Chile

Komfort
In der Business Class erwarten Sie modernste 4-fach verstellbare Sitze mit In-Seat-Video sowie Laptop-Anschlüssen und ein Sitzabstand von 127 cm

Flotte
Unsere Langstreckenflotte ist mit einem Durchschnittsalter von 2,8 Jahren eine der jüngsten der Welt

Sicherheit
Unser Wartungszentrum in Santiago de Chile ist das modernste Lateinamerikas und garantiert durch die Aufsicht der amerikanischen Luftfahrtbehörde FAA höchste Qualität. Unsere Schulungszentren für technisches Personal sowie Piloten, joint-ventures zwischen LanChile und Lufthansa, entsprechen ebenfalls den höchsten Ansprüchen.

Sonderkonditionen
für Geschäftsreisende:
Telefon (069) 29 800 124

Kontaktieren Sie uns:

LanChile · Liebfrauenstraße 1–3 · D-60313 Frankfurt/Main
Telefon (069) 298 00 133 · Telefax (069) 131 0776 · e-mail: lanfra@lanchile.com · www.lanchile.com

II. Wirtschaftliche Entwicklung - Der Ritt auf dem Puma

Die wirtschaftliche Stabilität und Entwicklung im Zielland bilden nach Ansicht der befragten Unternehmen den wichtigsten Faktor für eine Investitionsentscheidung. Dabei sind vor allen Dingen das Erschließen neuer Absatzmärkte und das Potential für den Einsatz von neuer Technologie von Bedeutung (vgl. Abb. II-1).

Die hohe Attraktivität des Standortes Chile liegt in seinen engen Handelskontakten zu vier Kontinenten (Nord- und Südamerika, Europa und Asien) begründet. Der Binnenmarkt ist klein. Daher mußten die Chilenen frühzeitig in andere Absatzmärkte vordringen. Ausländische Investoren empfinden das Nutzen der bereits erschlossenen Vertriebskanäle zu anderen Regionen als besonders attraktiv. Chile gilt daher als interessanter Stützpunkt in einer Global- bzw. Lateinamerikastrategie. Die starke Exportwirtschaft zieht ausländische Unternehmen aber aus einem weiteren Grund an: Chile möchte die Abhängigkeit von seinen traditionellen Exportprodukten - Kupfer, Holz, Fisch und Obst - verringern. Daher steigt der Technologiebedarf zur Verarbeitung dieser Rohstoffe. Ausländische Unternehmen nutzen die Chance, ihre Technologie auf dem chilenischen Markt auszuprobieren, da Chile innerhalb Lateinamerikas als Produkttestmarkt gilt.

Die wichtigsten Gründe für ein Engagement

(1 = sehr wichtig; 5 = unwichtig)	**Chile**
Erschließung eines neuen Marktes	1,38 ☺
Präsenz auf einem technologischen Zukunftsmarkt	1,75 ☺
Zugang zu Vertriebskanälen	1,87 ☺
Standort als Stützpunkt einer Global- oder Lateinamerikastrategie	1,92 ☺
Bereits existierende Geschäftsbeziehungen	2,00 ☺
Langfristige Erwartungen in das Marktpotential (Neuinvestitionen)	2,06 ☺
Erhaltung oder Ausbau eines etablierten Marktes	2,23 ☺
Staatliche Investitionsanreize	2,35 ☺

Abb. II-1

1. Chiles Wirtschaftsboom in den 90ern - Hält der Puma sein Tempo?

A) Die zwei Motoren der Wirtschaft: Exporte und Investitionen

Chile hat in den letzten zehn Jahren einen Boom erlebt. Die Liberalisierung und Öffnung der Wirtschaft in den 70er und 80er schaffte die Basis für die Erfolge, die Chile seit 1990 genießt. Das Bruttoinlandsprodukt (BIP) wuchs in der Zeit von 1990 bis 1997 um durchschnittlich gut 7%. Die Quellen des wirtschaftlichen Booms sind vor allem Exporte und Investitionen.

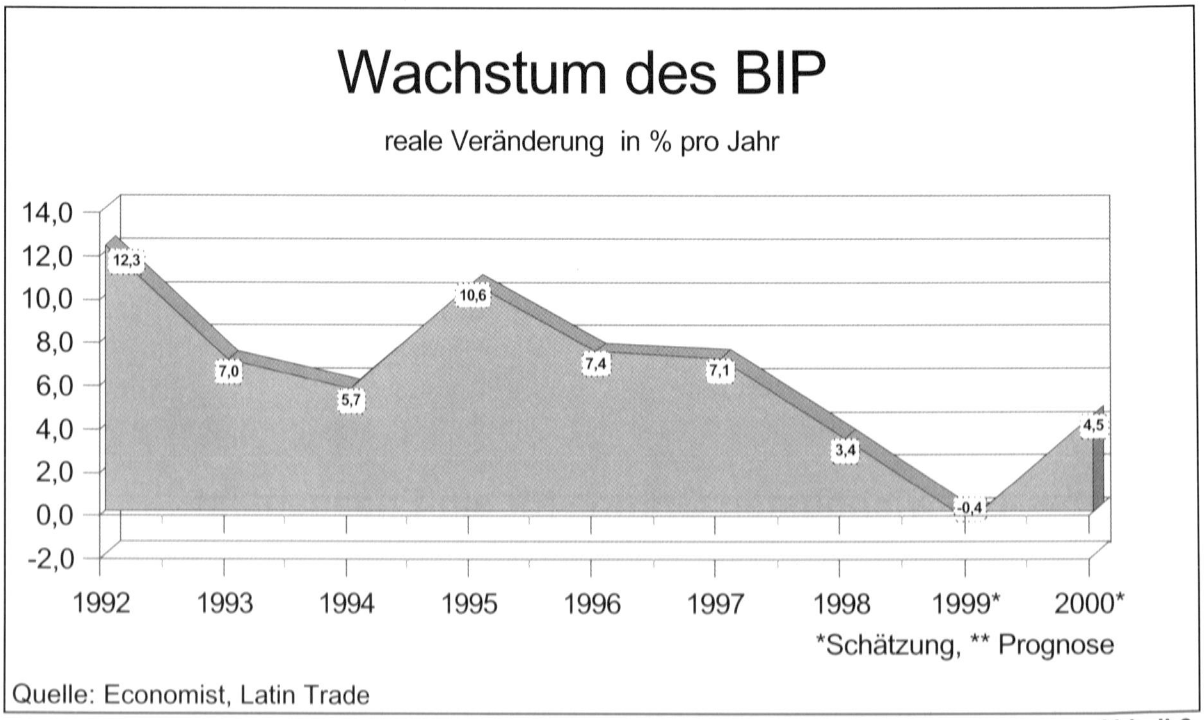

Abb. II-2

In den 90er Jahren stiegen die Exporte Chiles jährlich um durchschnittlich ca. 9,5 %. Sie verteilen sich zu etwa gleichen Teilen auf Nordamerika, Südamerika, Europa und Asien. Hauptabnehmer sind die USA, gefolgt von Japan und Großbritannien. Trotz der erfolgreichen Diversifizierung der Ausfuhren in den letzten Jahren entfallen noch ca. 40% aller Exporte auf Chiles Bergbausektor.[1] Die Agrar,- Fisch- und Forstindustrie liefern weitere wichtige Produkte in das Ausland.

Die ausländischen Direktinvestitionen nahmen bis 1998 kontinuierlich zu (vgl. Abb. II-3). Die größten Investoren kommen traditionell aus den USA und Kanada. Seit einigen Jahren erobern sich die Spanier größere Marktanteile in der Telekommunikation, der Elektrizitätswirtschaft und im Finanzsektor. Umgekehrt befinden sich auch chilenische Firmen, insbesondere aus den Energie,- Industrie- und Bankensektoren, auf „Eroberungsfeldzügen“ im Ausland. Ihr wichtigster Zielmarkt ist Argentinien; es folgen Kolumbien, Brasilien und Peru. Die chilenischen Akquisitions- und Fusionsaktivitäten im Ausland übertrafen 1997 sogar die Verkäufe nationaler Firmen an ausländische Erwerber.[2]

---

[1] Das staatliche Kupferunternehmen CODELCO (*Corporación Nacional del Cobre de Chile*) ist der größte Kupferproduzent der Welt. Über seine Privatisierung wird schon seit längerer Zeit in der chilenischen Politik debattiert.

[2] Quelle: *United Nations Conference on Trade and Development* (UNCTAD). Unter den *Emerging Markets* können außer Chile nur Südkorea, Singapur und die Tschechische Republik diese Bilanz vorweisen.

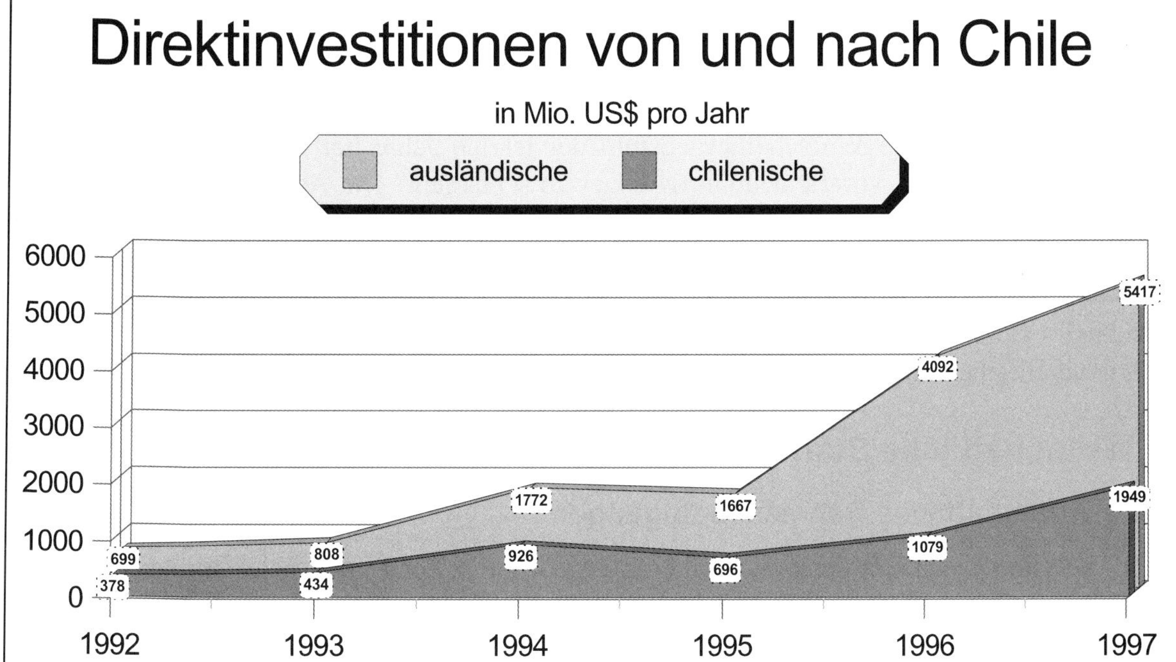

Quelle: *World Bank*

Abb. II-3

Gegenwind aus Asien bläst dem Puma ins Gesicht

Die Asienkrise hat Chile zu einem Zeitpunkt der sich überhitzenden Konjunktur erwischt. Die Investitionen hatten Anfang 1997 einen Rekordstand erreicht, und die realen Einkommen der Chilenen waren in den letzten Jahren enorm gestiegen. In Erwartung weiterer Einkommenszuwächse hat sich die private Sparrate verringert. Der stark gestiegene private Konsum schlug sich in dem überproportionalen Import von Konsumgütern im Vergleich zu Investitionsgütern nieder. Gleichzeitig mußten Chiles Exporteure, insbesondere aus dem Bergbau und der Holzindustrie, mit dem Zusammenbruch der asiatischen Absatzmärkte große Einbußen ihrer Erlöse hinnehmen. Folglich war das bereits wachsende Leistungsbilanzdefizit weiter auf 6,2% des BIP in 1998 gestiegen. Dies war einer der Gründe, warum der Peso unter Abwertungsdruck geriet.[3]

„Vom zurückhaltenden zum zügellosen Käufer."

Die Regierung antwortete mit Ausgabenkürzungen in fast allen Bereichen mit Ausnahme des Gesundheits- und Bildungssektors. Die Maßnahmen der Zentralbank zielten ebenfalls auf eine Abkühlung der Wirtschaft ab. Sie leitete eine Phase der Hochzinspolitik ein und stützte den Peso zusätzlich durch Dollarverkäufe. Erste positive Ergebnisse zeigten sich bereits zu Beginn des Jahres 1999: Das Leistungsbilanzdefizit dürfte in diesem Jahr zwischen 2,2% und 3,0% des BIP liegen. Die Konsumlust und der Kauf auf Kredit ließen nach. Die Inflationsrate konnte von 6,0% in 1997 auf 4,7% in 1998 reduziert werden, mit fallender Tendenz. Diese günstige Entwicklung hat die Zentralbank Anfang 1999 veranlaßt, die Zinsen wieder zu senken. Auf dieses Signal wartete insbesondere die heimische Industrie, die ihren Investitionsstau abbauen möchte. Auch wenn für 1999 kein Wachstum der Wirtschaft erwartet wird, die Reaktionen der

[3] Die Zentralbank erweiterte schrittweise die Bandbreite, innerhalb der die Währung schwanken durfte. Dadurch vermied sie Devisenspekulationen sowie ein abruptes Abrutschen des Peso. Im September 1999 ließ Chile den Währungskorridor fallen, d.h. der Peso wurde völlig frei gegeben. Insgesamt verlor er von Oktober 1997 bis Juni 1999 ca. 20% seines nominalen Wertes.

Zentralbank sowie der Regierung auf die Krise haben das Vertrauen der in- und ausländischen Investoren gefestigt.

Nach Aussagen der befragten Unternehmen ist eine leichte Verunsicherung in der Bevölkerung zu spüren: „Das rasante Wirtschaftswachstum der letzten Jahre hat die Chilenen verwöhnt. Jetzt müssen sie lernen, vorerst den Gürtel enger zu schnallen.“ Die Asienkrise hat dem Puma zwar ein wenig Wind aus seinen Segeln genommen. Doch die europäischen Unternehmer und Analysten sind überzeugt, daß Chile dank seiner soliden wirtschaftlichen Basis und der professionellen Wirtschaftspolitik im neuen Jahrtausend auf den expansiven Wachstumspfad zurückkehrt (vgl. Abb. II-2). Kein Befragungsteilnehmer nimmt die Asienkrise zum Anlaß, an der wirtschaftlichen und politischen Stabilität des Standortes Chile zu zweifeln.

B) Wirtschaftliche Stärken und Chancen

Beste wirtschaftliche Rahmenbedingungen

Chile sticht unter den lateinamerikanischen Ländern durch seine langfristig ausgerichtete und daher berechenbare Wirtschaftspolitik hervor. Schon seit 25 Jahren fahren die verschiedenen Regierungen eine klare und kontinuierliche Linie: Die Liberalisierung und Deregulierung des Marktes (siehe zur Reformpolitik Kap. III.1.). Populistische wirtschaftspolitische Maßnahmen kennt man in Chile nicht, ebensowenig Panik- oder Überreaktionen der Wirtschaftspolitiker in Krisensituationen. Der Staat ist straff organisiert, Korruption eine fremde Vokabel.

Die ausländischen Unternehmen profitieren von dieser klar ausgerichteten Wirtschaftspolitik. Zum einen schafft ihnen die wirtschaftspolitische Stabilität Planungssicherheit. Zum anderen treffen sie auf ein professionelles Geschäftsfeld. Da Chile frühzeitig der lokalen Industrie seine schützende Hand entzog und die Zollschranken fallen ließ, waren chilenische Unternehmen gezwungen, sich der ausländischen Konkurrenz zu stellen. Ineffiziente Industrien wurden schnell vom Markt gedrängt. Die lokalen Unternehmen können mittlerweile eine international wettbewerbsfähige Kostenstruktur vorzeigen, weil sie die Gesetze der freien Marktwirtschaft und das „harte Geschäft“ erlernt haben.

Weltweite Absatzchancen durch Handelsnetze

Chile erobert seit Anfang der 90er Jahre neue Absatzmärkte. Dadurch konnte das Land seine Exporte kontinuierlich steigern. Die Gründe für diese Entwicklung liegen zum einen in dem unermüdlichen Eifer der chilenischen Regierung, neue Partner für Handelsabkommen zu suchen. Zum anderen ist es besonders der Unternehmergeist, der die Chilenen in neue Welten vordringen läßt. Daher kann damit gerechnet werden, daß sich Chile weiterhin rastlos voran bewegen wird. Das zeigt der jüngste Trend: Chilenische Unternehmen haben durch Investitionen, z.B. in der Elektrizitätswirtschaft in Argentinien und Peru, strategische Marktpositionen in Lateinamerika aufgebaut.[4] Bisher sind die Investoren große Unternehmen, aber langfristig dürften auch die chilenischen Zulieferbetriebe von dieser Entwicklung profitieren.

Die Diversifizierung der Exportmärkte schützt Chile vor zu starken Abhängigkeiten von einzelnen Märkten. Einbrüche auf einem Absatzmarkt können somit durch die Steigerung der Exporte in andere Regionen ausgeglichen werden. Dadurch fallen wirtschaftliche Schwankungen in Chile nicht so extrem aus wie in den lateinamerikanischen Ländern, die sich

[4] Chilenen investieren auch in anderen Kontinenten, z.B. errichtete eine Brauerei eine Anlage in Kroatien. Andere Unternehmen bieten in den USA und Kanada Elektrodienstleistungen an.

nur auf wenige Absatzmärkte konzentrieren. In Boomzeiten hingegen kann Chile überproportional profitieren. Wenn beispielsweise die asiatischen Länder die Krise überwunden haben werden, sitzt Chile bereits in den Startlöchern, um Erlöse aus der steigenden Nachfrage als erster ins Ziel zu bringen.

Stärken

- Liberale und langfristig ausgerichtete Wirtschaftspolitik
- Handelskontakte weltweit
- Starker lokaler Kapitalmarkt
- International wettbewerbsfähige Kostenstruktur
- Effiziente Administration
- Keine Korruption
- Wirksame Bankenaufsicht

Schwächen

- Kleiner Binnenmarkt
- F & E, mangelnde Innovationen
- Ausbildungsstand auf Facharbeiterebene
- Patentschutz
- Patriarchalische Unternehmensstrukturen

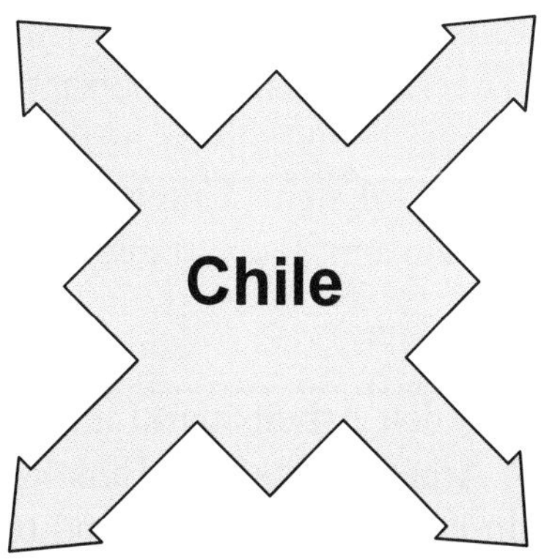

Chancen

- Privatisierung
- Ausbau der Infrastruktur
- Wachstum der Exportmärkte
- Erschließung neuer Märkte
- Wandel zur Dienstleistungsgesellschaft
- Veredelung der Rohstoffe

Risiken

- Verschleppung der Reformpolitik
- Nachteile im internationalen Standortwettbewerb
- Abhängigkeit von Rohstoffexporten
- Steigende Umweltbelastung
- (Jugend-) Arbeitslosigkeit

Abb. II-4

Starker lokaler Kapitalmarkt

Der chilenische Kapitalmarkt gilt als sehr gut entwickelt. Ein Grund ist das vor knapp 20 Jahren eingeführte private Rentensystem (siehe zum System der privaten Rentenversicherung Kap. III.1.). Als Folge konnte Chile hohe Spar- und Investitionsquoten erzielen und somit seine Abhängigkeit von ausländischem Kapital erfolgreich vermindern. Langfristige Investitionen im In- und Ausland, die Chilenen zunehmend in den Nachbarländern realisieren, können über den lokalen Kapitalmarkt finanziert werden. Ein zweiter Grund ist die effiziente Regulierung und Kontrolle des Bankensystems. Die Stabilität und zunehmende Internationalisierung des Finanzsektors hat ausländische Banken, Versicherungen und Investitionsfonds nach Chile gelockt.

C) Schwächen und Risiken

Mangelnde Innovation

Die Chilenen werden für ihren Unternehmergeist gelobt. Sie haben in der Tat mit der Eroberung neuer Absatzmärkte strategisches Vorgehen und Einfallsreichtum bewiesen. Dabei haben sie aber nur ungenügend in die Weiterentwicklung der traditionellen Exportprodukte investiert, so daß die Exportwirtschaft immer noch von Rohstoffpreisen auf dem Weltmarkt abhängig ist. Ein Beispiel ist der starke Preisverfall des Kupfers von 1997 bis 1999. Die Veredelung der Rohstoffe erfordert mehr Know-how und Technologie als bislang aus dem Ausland importiert wurde. Nach Meinung der Befragungsteilnehmer reichen die bisherigen Maßnahmen der Regierung, Programme zur Technologieförderung besonders für kleine und mittlere Unternehmen zu entwickeln und umzusetzen, nicht aus. Der Innovationsgeist muß in Chile erwachen, damit das Land im Wettlauf der attraktiven Standorte die Nase vorn behält. Nur so kann es die Nachteile, die der kleine Binnenmarkt mit sich bringt, kompensieren.

Schwache Facharbeiterausbildung

Eine Voraussetzung für den Einsatz von Innovation und neuen Technologien ist eine qualifizierte Facharbeiterschaft. Hier beklagen die befragten Unternehmen noch ein starkes Defizit. Die Regierung kann nur zaghafte Initiativen in Richtung von berufsbildenden Schulen vorweisen. Außerdem zeigen die lokalen Unternehmen wenig Interesse an solchen Programmen. Sie möchten nicht mühsam Facharbeiter ausbilden, die dann später von der Konkurrenz abgeworben werden.

Der Mangel an Facharbeitern spaltet den Arbeitsmarkt in zwei Lager: Es gibt sowohl genügend hoch als auch niedrig qualifizierte Arbeitskräfte. Die Einkommen dieser beiden Gruppen liegen jedoch weit auseinander. Innerhalb Lateinamerikas haben nur noch Mexiko, Brasilien und Peru eine größere Einkommensschere.[5] Die Facharbeiterausbildung, mit oder ohne staatliche Förderung, ist aber auch vor dem Hintergrund der steigenden Jugendarbeitslosigkeit unerläßlich.

Steigende Umweltbelastung

Trotz Anstrengungen der Regierung, Chile zu dezentralisieren (z.B. wurde der Sitz des Parlaments in die Hafenstadt Valparaíso verlegt), bleibt Santiago de Chile Dreh- und Angelpunkt aller Wirtschaftsaktivitäten. Der Preis für die Zentralisierung steigt jedoch: Im Winter schlägt die Stadt immer häufiger Smogalarm. Die Notaufnahmen der Krankenhäuser sind an manchen Tagen aufgrund akuter Atem- und Allergiebeschwerden überfüllt. Die Industrie und die privaten Haushalte belasten erheblich Boden, Luft und Gewässer. Auf die gravierenden Umweltprobleme auch in anderen Teilen des Landes hat die Regierung reagiert. Sie richtete eine nationale Umweltbehörde ein, deren Effizienz allerdings noch in Frage gestellt wird. Grund ist die mangelnde Ausbildung der Beamten, die aus Unsicherheit wichtige Entscheidungen hinauszögern. Noch loben die befragten Unternehmen die Lebensqualität in Santiago de Chile. Es besteht aber die Gefahr, daß die Stadt diesen komparativen Vorteil im Vergleich zu anderen Metropolen in Lateinamerika, z.B. Buenos Aires oder São Paulo, angesichts der steigenden Umweltbelastung verliert.

[5] Quelle: *World Economic Forum*, 1999.

D) Urteil der europäischen Manager

Die Teilnehmer der Unternehmensbefragung honorieren Chiles solide wirtschaftspolitische Antwort auf die Asienkrise und beurteilen das künftige Wirtschaftswachstum wieder positiv. Zwar sehen einige europäische Unternehmen, die zu hohe Erwartungen in den Markt gesetzt hatten, die Entwicklung der Binnennachfrage recht pessimistisch (vgl. Abb. II-5). Doch 80% der Befragten beurteilen ihre Absatzchancen auf dem lokalen Markt als gut bis sehr gut. Daher setzen sie weiterhin auf Expansion. 60% der Unternehmen wollen in den nächsten fünf Jahren ihre Produktion und ihr Dienstleistungsangebot ausbauen. 40% planen, ihre Produkte besser den lokalen Bedingungen und Ansprüchen anzupassen, denn der starke Wettbewerb in Chile hat das Qualitätsbewußtsein gefördert. Zudem ist der erfahrene chilenische Kunde für sein ausgeprägtes Empfinden für ein ausgewogenes Preis-Leistungs-Verhältnis bekannt.

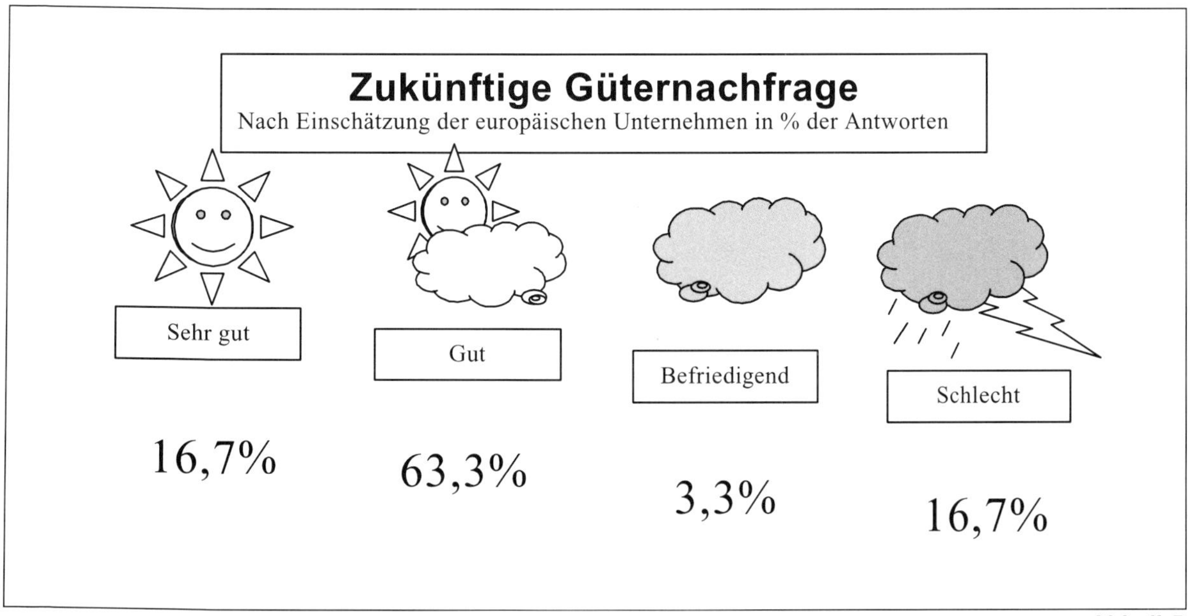

Abb. II-5

Chiles Binnenmarkt ist aber nur ein Ziel für den Absatz. Europäische Unternehmen nutzen bereits die engen Handelsverflechtungen des Landes, um 22% ihrer Produkte und Dienstleistungen zu exportieren. Knapp die Hälfte plant eine Steigerung der Exporte in die Länder des Mercosur. 34% der Befragungsteilnehmer wollen von Chile aus die Andenstaaten und den nordamerikanischen Kontinent beliefern. Auch die asiatischen Märkte geraten zunehmend ins Visier der befragten Unternehmen.

Insgesamt sind die europäischen Unternehmen der Ansicht, daß Chile in der Zukunft ein lukrativer Markt bleiben wird. Ihre Gewinnaussichten betrachten sie als gut bis sehr gut (vgl. Abb. II-6). Am optimistischsten zeigt sich die Branche der Elektronik. Sie rechnet mit einem dynamischen Wachstum ihrer Kunden aus dem Energie- und Telekommunikationssektor. Die Zulieferer der Bergbauindustrie sind positiv gestimmt aufgrund der langfristig anhaltenden Minenerschließung und -erweiterung. Die Unternehmen aus der Handelsbranche sehen im Vergleich ihre Ertragsaussichten nur als gut bis befriedigend, da sie in Zukunft weiterhin mit starker Konkurrenz, auch aus dem asiatischen Raum, zu kämpfen haben.

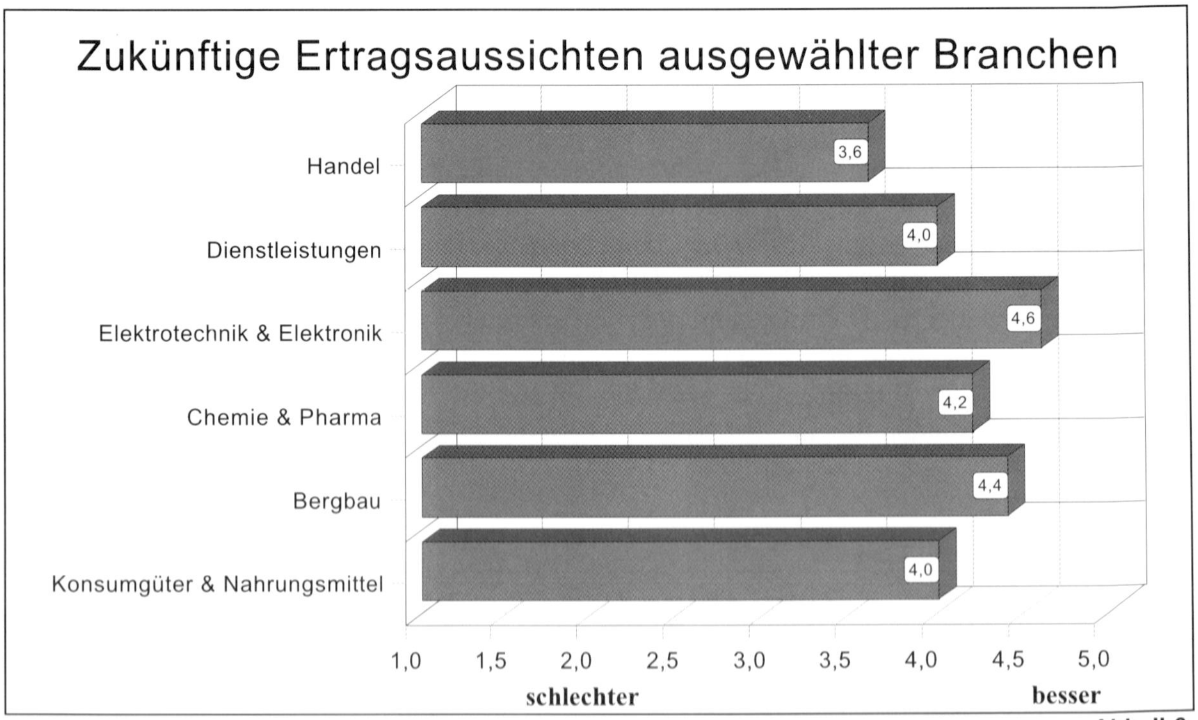
Zukünftige Ertragsaussichten ausgewählter Branchen
Handel
3,6
Dienstleistungen
4,0
Elektrotechnik & Elektronik
4,6
Chemie & Pharma
4,2
Bergbau
4,4
Konsumgüter & Nahrungsmittel
4,0
1,0 1,5 2,0 2,5 3,0 3,5 4,0 4,5 5,0
schlechter
besser

Abb. II-6

2. Zukünftige Absatzchancen - Dem Trend auf der Spur

Im Rahmen der Studie wurden die Unternehmen nach ihrer Einschätzung der Nachfrageentwicklung in einzelnen Branchen gefragt. Außerdem sollten sie Branchen und Produkte nennen, für die nach ihrer Ansicht in Zukunft besondere Wachstumschancen bestehen. Sechs Bereiche wurden von den Unternehmen besonders häufig genannt:

Agrar, - Fisch- und Holzindustrie

Der Bedarf in diesen sich dynamisch entwickelnden Wirtschaftszweigen konzentriert sich auf moderne Technologie. Um die bereits erschlossenen Absatzmärkte zu sichern und auszubauen, setzt Chile auf die Qualitätssteigerung der traditionellen Exportprodukte. Im Agrarbereich wird hierfür Technologie zur Verarbeitung von hochwertigem Obst und Gemüse zu Konserven, Tiefkühl- und Trockenprodukten sowie Säften und Spirituosen benötigt. Hier sind ebenso Verpackungsmaschinen wie -material gefragt. Absatzchancen bestehen weiterhin für Geräte und Ausrüstungen für die Milch- und Geflügelwirtschaft. Auch die Bewässerungsanlagen werden angesichts des Risikos von länger anhaltenden Trockenperioden kontinuierlich modernisiert. Investitionen im Weinbau zeigen sich dynamisch, um Chiles Exportschlager an der Weltspitze zu halten. Ein sehr zukunftsträchtiges Segment wird in der Biotechnologie gesehen, die Experten zufolge bald aus ihren Kinderschuhen herauswächst.

Wein: Das Lebens- (und Export-) elixier der Chilenen

Chilenische Weine haben sich inzwischen durch ihr sehr gutes Preis-Leistungs-Verhältnis und das chilenische Exportgeschick einen beachtlichen internationalen Ruf erarbeitet.[6] Größtes Problem der chilenischen Weine bildet aber die noch stark schwankende Qualität.

Neuerdings entwickelt sich ein Wettbewerb der klassischen chilenischen Weine, die hauptsächlich über die Marke und die Traubensorte vermarktet werden, versus den neuen herkunftsorientierten Weinen, die ihr Marketing auf den Namen der Region konzentrieren. Unter Weinkennern werden die jungen kräftigen Rotweine am höchsten geschätzt, doch die Weißweine können sich ebenso sehen lassen. Die Chilenen haben hauptsächlich französische Rebsorten eingeführt, aber auch Weine deutschen Ursprungs wie Riesling und sogar ein paar gute Gewürztraminer lassen sich finden. Dem weltweiten Prestige der Weine haben in der letzten Zeit insbesondere die „Einkäufe" von chilenischen Weingütern durch *Barons de Rothschild* (*Lafite*) und die anschließende Vermarktung weiteren Auftrieb gegeben.

Abb. II-7

Im Fischsektor sehen die Befragungsteilnehmer Verkaufsmöglichkeiten für ausländische Technologie zur Verarbeitung von Fisch zu Tiefkühlkost und Konserven oder von Fischmehl zu Tierfutter bei gleichzeitiger Steigerung der Qualität. Große Chancen sehen die Europäer in

[6] Sie zeichnen sich durch ein konstantes, fast mediterranes Klima in der Weinanbauregion aus: warme Tage und kühle Nächte im Sommer lassen die Trauben zu voller Reife gelangen. Die Chilenen sind stolz, daß ihre Weinstöcke nicht von Rebläusen (Phylloxera) befallen wurden, wie alle Weinregionen im Rest der Welt während des letzten Jahrhunderts.

der Aquakultur. Es werden bereits über 20 verschiedene Arten gezüchtet, darunter vor allem Lachs.

Ausländisches Know-how wird außerdem in der holzverarbeitenden Industrie gebraucht. Bisher exportiert Chile Zellstoff, Holzspäne, Chemiepulpe und Sägeholz. Um auch in diesem Sektor von den Rohstoffpreisen auf dem Weltmarkt unabhängiger zu werden, ist die Veredelung von Holz zu Papier und Pappe und hochwertigen Möbeln oder Möbelteilen unabdingbar. Investoren können langfristig mit großen Holzreserven rechnen, da erstens die Regierung den Rahmen für eine nachhaltige Holzwirtschaft (Aufforstungspolitik) gesetzt hat. Zweitens wächst die von der Industrie bevorzugte Kiefernart *Pinus radiata* in Chile schneller als in anderen Gegenden. Absatzchancen werden nicht nur für Anbieter von Holzverarbeitungsmaschinen gesehen, sondern auch Technologien, die durch die Zellstoffproduktion stark verschmutztes Wasser behandeln.

Dienstleistungen

Hohe Wachstumsraten verzeichnet der Dienstleistungssektor. Experten meinen, daß Chile sich auf dem besten Wege hin zu einer Dienstleistungsgesellschaft befindet. Die Zahl der internationalen Banken, Versicherer, Wirtschaftsprüfer, Unternehmensberater und Rechtsanwaltskanzleien ist in den vergangenen Jahren stark gestiegen. Durch die starke Internationalisierung ist der Wettbewerb unter den Finanzdienstleistern allerdings besonders hart. Die Konkurrenz im Bankensektor hat zu Fusionen und Akquisitionen geführt. Banken weiten ihre Geschäftstätigkeiten auf Bereiche wie Investitionsfonds, Leasing und Versicherungen aus.

Da die Nachfrage nach Hochtechnologie kontinuierlich steigt, zählen Ingenieursdienstleistungen zu einem der dynamischsten Wirtschaftszweige. Ob es um die Veredelung der Agrar,- Fisch- oder Holzprodukte geht, die Entwicklung und Schulung in der Informationstechnologie, Serviceleistungen oder Qualitätsprüfung im Bergbau- oder Energiesektor - Ingenieure sind in all diesen expandierenden Branchen heiß begehrt.

Experten schätzen, daß der Sektor der Telekommunikation in den nächsten 5 Jahren um durchschnittlich 20% wachsen wird. Der Anteil am BIP beträgt bereits heute ca. 8%. Diese Prognose liegt zum einen an der noch relativ niedrigen Telefondichte im Vergleich zu den Industriestaaten, zum anderen an der erwarteten steigenden Nachfrage in Bereichen wie Internet, Mobilfunk, (Kabel-) Fernsehen und Satellitenempfang. Die Dynamik in diesem Sektor ist vor allem auf die bereits 1985 durchgeführte Privatisierung zurückzuführen.

Auch im Tourismus sehen die Befragungsteilnehmer Chancen für ausländische Investoren. Die natürliche Vielfalt Chiles zieht immer mehr internationale Besucher an. Hotels und Ferienressorts entstehen in Skigebieten in den Anden, an Seen und an der Pazifikküste. Besonderen Andrang verzeichnet der Ökotourismus in den zahlreichen Naturparks und Tierschutzgebieten. Die Regierung ist besonders an der touristischen Erschließung der südlichsten Region Patagonien interessiert und versteigert 1999 ganze Landzüge.

Chiles Exportindustrie wird auch in Zukunft stark wachsen. Die Hersteller wollen nicht nur die Qualität ihrer Produkte steigern, sondern auch in der Abwicklung der Exporte effizienter werden. Dazu zählt vor allem die Verbesserung Logistik (vgl. Abb. II-7).

Ein Fertighaus auf seinem Weg nach Asien

Chiles große Holzreserven werden nicht nur zur Herstellung von Pulpe und Papier genutzt. Lokale Unternehmen bauen auch Fertighäuser, die sie vorrangig nach Asien exportieren. Vom architektonischen Design, dem Einsatz von hochwertigem Holz bis zur Montage bzw. Fertigstellung des Hauses genügen die Fertighäuser qualitativ hohen Ansprüchen.

Die ausländischen Kunden zeigen sich jedoch bei der Ankunft der Fracht enttäuscht. Größe und Form des Fertighauses entsprachen nicht den Vorstellungen. Mängel bei der Verpackung und Lagerhaltung beim Transport über den Seeweg hatten Feuchtigkeit in das Holz dringen lassen und dessen Form verändert. Die Einzelteile des Hauses paßten nicht mehr zusammen.

Abb. II-8

Energie

Die Potentiale für ausländische Investoren in Chiles Energiebranche sind groß, da der Staat seit Beginn der 80er Jahre diesen Sektor dereguliert. Um die Effizienz z.B. im Bereich Elektrizität zu erhöhen, wurden die Segmente Erzeugung, Übertragung und Versorgung aufgeteilt und privates Kapitel zugelassen. Außerdem hat das dynamische Wirtschaftswachstum der 90er Jahre jährlich eine Steigerung der Nachfrage nach Energie um ca. 8% nach sich gezogen. Prognosen zufolge wird sich diese Rate bis zum Jahre 2005 verdoppeln. Auch gegen länger anhaltende Trockenperioden muß sich die chilenische Energiewirtschaft besser wappnen (siehe dazu Kap. V.3.B).

Investitionsmöglichkeiten gibt es daher in verschiedenen Segmenten: Von 2002 bis 2008 ist der Bau von 7 Gaskraftwerken mit kombiniertem Kreislauf geplant, die mit Erdgas aus Argentinien befeuert werden sollen. Gaspipelines müssen hierfür gebaut werden. Außerdem erfordern die geplanten Elektrizitätsverbindungen zu Argentinien und Peru den Bau von Verteilernetzen und Hochspannungsleitungen. Da sich Chilenen in diesen Nachbarmärkten schon strategische Positionen in Stromsektor aufgebaut haben, eignen sie sich besonders als Partner für die Expansion in Nachbarländer.

Als zukunftsträchtig sehen die Befragungsteilnehmer die Gewinnung von alternativen Energien aus Sonne, Wind und Erdwärme. Die Regierung unterstützt hier innovative Forschungsprojekte, die bislang mit ausländischer Technologie unterstützt wurden.

Zukünftige Wachstumsbranchen*

I. Agrar,- Fisch- und Holzindustrie
Technologien zur Be- und Verarbeitung von Lebensmitteln, Biotechnologie, Geräte für die Landwirtschaft, Holzbearbeitungsmaschinen, Veredelung der Holzprodukte, Umwelttechnik

II. Dienstleistungen
Finanzdienstleistung, Informationstechnologie, Ingenieursdienstleistungen, Telekommunikation, Leasing, Logistik, Technischer Service, Qualitätsprüfung, Handel, Tourismus

III. Energie
Kraftwerksausrüstung, Ausrüstungen zur Erzeugung, Übertragung und Verteilung von Strom, Wind- und Sonnenenergie

IV. Infrastruktur: Transport und Wasserwerke
Straßenbau, (Flug-) Hafenanlagen, Kläranlagen, Trinkwasseraufbereitung und -versorgung

V. Bergbau
Bergbaumaschinen, Bergbautechnologie, Fördertechnik

VI. Chemie & Pharma
Spezialstoffe für (Agrar-) Industrie, Kunststoffe, Düngemittel, hochspezialisierte Pharmaprodukte

*gemäß Häufigkeit der Nennung durch die Befragungsteilnehmer **Abb. II-9**

Infrastruktur: Transport und Wasserwerke

Chiles Regierung hat erkannt, daß ein hohes Wirtschaftswachstum durch einen massiven Ausbau der Infrastrukturversorgung unterstützt werden muß (vgl. Kap. V.4.). Die Infrastrukturmaßnahmen können mit staatlichen Mitteln allein nicht mehr finanziert werden. Aus diesem Grund werden private Investoren gesucht, die sich an den zahlreichen Privatisierungsprojekten beteiligen. Im Rahmen von Betreibermodellen sollen Straßen, Flughäfen und Seehäfen (aus-) gebaut und modernisiert werden. Lizenzen für den Ausbau von Schnellstraßen um Santiago und die Panamericana, Chiles Hauptverkehrsader mit einer Länge von ca. 3.000 km, werden an private Firmen vergeben. Für ausländische Unternehmen bieten sich auch Möglichkeiten, in verschiedenen Häfen Anlegeplätze, Umschlagsanlagen oder die Verschiffung von Containern zu betreiben. Die Modernisierung der Häfen gilt als besonders dringend, da 95% der chilenischen Handelsströme über Häfen fließen. Bei der Privatisierung der Flughäfen ergeben sich Chancen im Segment der technischen oder kommerziellen Serviceleistungen, z.B. Sicherheitsüberwachung, Gepäckabfertigung oder Verkaufsläden.

Weiterhin suchen die chilenischen Wasserwerke private Partner, die sich bis zu 70% beteiligen können. Chancen bestehen vor allem in der Trinkwasseraufbereitung und -versorgung sowie in der Abwasserbehandlung. Der Bau von zahlreichen Kläranlagen ist geplant. Das zunehmende Umweltbewußtsein in der Regierung hat dazu geführt, daß Unternehmen, die durch ihre Produktion die Gewässer besonders belasten, gesetzlich zu einer Reinigung ihrer Abwässer verpflichtet sind.

Bergbau

Der Bergbausektor wird sich nicht nur angesichts des *Mining Spirit* der Chilenen auch in Zukunft kräftig entwickeln. 22% der weltweiten Kupferreserven befinden sich in Chile, aber auch andere (nicht-) metallische Mineralien sind reichlich vorhanden. 1998 flossen ca. 40% aller ausländischen Investitionen in diesen Sektor; die international führenden Unternehmen der Branche haben sich alle ein Stückchen des Kuchens gesichert. Neue Mineneröffnungen und -erweiterungen werden langfristig für eine anhaltende Dynamik sorgen. Noch sind längst nicht alle Minen erschlossen.

Absatzchancen bestehen besonders für Anbieter von Bergbaumaschinen und -ausrüstungen, Fördertechnik, Technologien zur Veredelung der Rohstoffe und Ingenieursdienstleistungen. Auch die Beschäftigten in den weit abgelegenen „Bergbaucamps" müssen mit Wohnraum, Nahrungsmitteln und Transport versorgt werden. Mittlerweile konkurrieren hier aber nicht nur ausländische Firmen miteinander: Die chilenischen Ingenieure und Hersteller von Bergbauausrüstungen befriedigen 40% der gesamten Binnennachfrage dieser Branche. Sie exportieren außerdem ihr Know-how in die USA und andere lateinamerikanische Länder, hauptsächlich Argentinien, Peru und Bolivien.

Chemische & Pharmazeutische Industrie

Angesichts der stark gestiegenen Nachfrage, insbesondere im Investitionsgüterbereich, erhoffen sich diejenigen Betriebe große Absatzschübe, die sich auf die Herstellung von Chemikalien für den industriellen Sektor spezialisieren. Impulse kommen auch aus der Kunststoffindustrie, die vom steigenden Verbrauch an Verpackungen und Plastik profitiert. Die Agrarwirtschaft kurbelt die Nachfrage nach Dünge- und Insektenschutzmitteln kräftig an. Die Unternehmen der pharmazeutischen Industrie beurteilen die Absatzchancen allerdings als weniger günstig. Mit steigendem Einkommen sind zwar immer mehr Chilenen in der Lage, sich mit Produkten und Dienstleistungen des *Health Care* Sektors zu versorgen. Die Branchenvertreter sehen aber angesichts der Dominanz der lokalen Industrie nur für spezialisierte Produkte Absatzpotentiale.

III. Politische Rahmenbedingungen - Demokratie und freie Marktwirtschaft fest im Sattel

Die politischen Rahmenbedingungen im Investitionsland spielen bei der Standortwahl der Unternehmen - neben der wirtschaftlichen Entwicklung - eine wichtige Rolle. Die politische Stabilität entscheidet darüber, ob z.B. mit finanziellen Verlusten aufgrund politischer Umwälzungen zu rechnen ist. Die Wirtschafts- und Investitionsförderungspolitik bestimmen die rechtlichen Rahmenbedingungen und gelten als Indikator für die Offenheit eines Staates gegenüber ausländischem Engagement.

Die Öffnung für ausländische Investitionen und Know-how erschließt dem Land einen Zugang zu neuester Technologie, die den Aufbau eigener Industrien und die Konkurrenzfähigkeit von Exportprodukten fördert. Ausländisches Kapital schafft sowohl Wohlstand als auch Arbeitsplätze. Es unterstützt dringend notwendige Investitionen z.B. im Infrastrukturbereich.

1. Liberalisierungspolitik - Der lateinamerikanische Puma wird geboren

A) Sprung auf den marktwirtschaftlichen Reformzug

Chile hat sich den Ruf als Puma Lateinamerikas in über 25 Jahren hart erarbeitet. Anfang der 70er Jahre stand das Land vor dem wirtschaftlichen und politischen Bankrott: Die 1970 demokratisch gewählte sozialistische Regierung unter Salvador Allende hatte den „chilenischen Weg zum Sozialismus" eingeleitet. Sie verstaatlichte den Bergbausektor, Banken sowie andere private Firmen, enteignete Großgrundbesitzer und verteilte das Land an Bauern. Die Besetzung von Ländereien und Industrien wurde aber auch in Eigenregie von revolutionären Splittergruppen durchgeführt. Die Produktion setzte daher in vielen Wirtschaftssektoren aus, Lebensmittel waren knapp und Streikwellen durchzogen das Land. Die Regierung hatte die Kontrolle verloren. Daraufhin putschte im September 1973 das Militär.

> „Pinochet hatte das Händchen, sich die richtigen Leute für Wirtschaftsreformen zu suchen."

Die Militärregierung unter General Pinochet initiierte das wirtschaftliche Reformprogramm, das Chile zum Vorreiter in Lateinamerika machte. Die zentralistisch gelenkte Wirtschaft sollte durch ein System der freien Marktwirtschaft ersetzt werden. Enge Berater der Regierung und somit Drahtzieher der Reformen waren die *„Chicago Boys"* (siehe Abb. III-1). Zu ihren wichtigsten wirtschaftspolitischen Zielen zählten:

- Bekämpfung der Inflation
- Privatisierung ineffizienter staatlicher Industrien
- Diversifizierung der Exportwirtschaft, um die Abhängigkeit von Kupfer zu mindern
- Öffnung des Marktes für ausländische Wettbewerber

Die *Chicago Boys* in Chile

Als Chile 1972 auf eine wirtschaftliche Katastrophe zusteuerte, kam eine Gruppe von Wirtschaftsprofessoren der *Universidad Católica* in Santiago de Chile und der *University of Chicago* zusammen, um nach Auswegen aus der Misere zu suchen. Sie erarbeiteten ein Konzept, das Chile von der staatlich gelenkten Wirtschaft zu einer freien Marktwirtschaft führen sollte.

Grundlage der wirtschaftspolitischen Empfehlungen des Konzeptes bildete der Monetarismus. Diese Lehre ging aus der *University of Chicago* hervor. Hiernach ist die Intervention des Staates in der Wirtschaft auf das Wesentliche zu begrenzen: Der Staat schafft und überwacht lediglich die Spielregeln für den privaten Wettbewerb. Jegliches Eingreifen, z.B. eine aktive Beschäftigungspolitik, schadet der Wirtschaft. Es gilt das „freie Spiel der Kräfte". Oberstes Gebot ist die Geldwertstabilität.

Die Militärregierung, die 1973 an die Macht kam, implementierte das Modell kompromißlos. Die Staatsausgaben wurden verringert, Banken und zahlreiche Betriebe privatisiert, die Exportstruktur diversifiziert, Gesetze für ausländische Investitionen liberalisiert und Handelsschranken abgebaut. Die radikale Umstrukturierung der Wirtschaft brachte zwar vorübergehend Arbeitslosigkeitsraten von 20% mit sich. Doch langfristig gesehen war die „Gesundung" der Wirtschaft erfolgreich. Chiles vorbildliche makroökonomische Daten der 90er sind Ergebnisse dieses Wandels in der Wirtschaftspolitik.

Wer in Chile nach dem Erfolgsrezept des lateinamerikanischen Pumas fragt, bekommt eine klare Antwort: *Chicago Boys*. Chile hat auch in schwierigen Zeiten an den Grundprinzipien der *Chicago Boys* festgehalten. Weder die Rezession in 1982/83 noch die Asienkrise 1997/98 haben die Regierung veranlaßt, z.B. protektionistische Maßnahmen zu ergreifen. Anders verhielten sich Brasilien und Argentinien, die in Krisenzeiten die gegenseitigen Handelshemmnisse ausweiteten. Vielleicht kämen sie mit ihren Reformbemühungen schneller voran, wenn sie sich die wirtschaftspolitische Kontinuität des „kleinen Bruders" hinter den Anden zum Vorbild nähmen.

Abb. III-1

Durch eine Reihe von Reformen in den 70er und 80er Jahren (vgl. Abb. III-2) gelang es Chile, zum Klassenprimus Lateinamerikas zu werden. Chile privatisierte bereits 1985 den Sektor der Telekommunikation. Die Privatisierung des chilenischen Rentensystems 1981 war so erfolgreich, daß inzwischen viele Länder, z.B. Mexiko, Argentinien, Polen und Rumänien, dieses Modell imitieren. Es basiert auf dem Prinzip der individuellen Kapitaldeckung. Nach diesem Prinzip zahlt jeder Arbeitnehmer monatliche Beiträge in eine der privaten Rentenfonds[1] ein. Zum Ende seines Erwerbslebens werden sie als Gesamtsumme oder in monatlichen Raten wieder ausbezahlt. Durch die Ersparnisse der Rentenfonds konnte sich eine starker lokaler Kapitalmarkt bilden. Chile glänzt unter den lateinamerikanischen Ländern mit hohen Spar- und Investitionsquoten. Die Sparquote Chiles hat sich zwar seit 1996 verringert, gilt aber als eine der höchsten in Lateinamerika. Auch der Finanzsektor, der während der Weltrezession 1982

[1] In Chile heißen die privaten Rentenversicherungen AFP (*Administradores de Fondos de Pensiones*). Sie sind Aktiengesellschaften und unterliegen der staatlichen Aufsicht. Bis zu 37% ihrer Kapitaleinlagen dürfen sie in Aktien und bis zu 12% auf internationalen Märkten anlegen.

bis 1983 in Chile einem Zusammenbruch knapp entkommen war, wurde refomiert. Die Banken unterliegen seitdem einer sehr strengen Kontrolle.

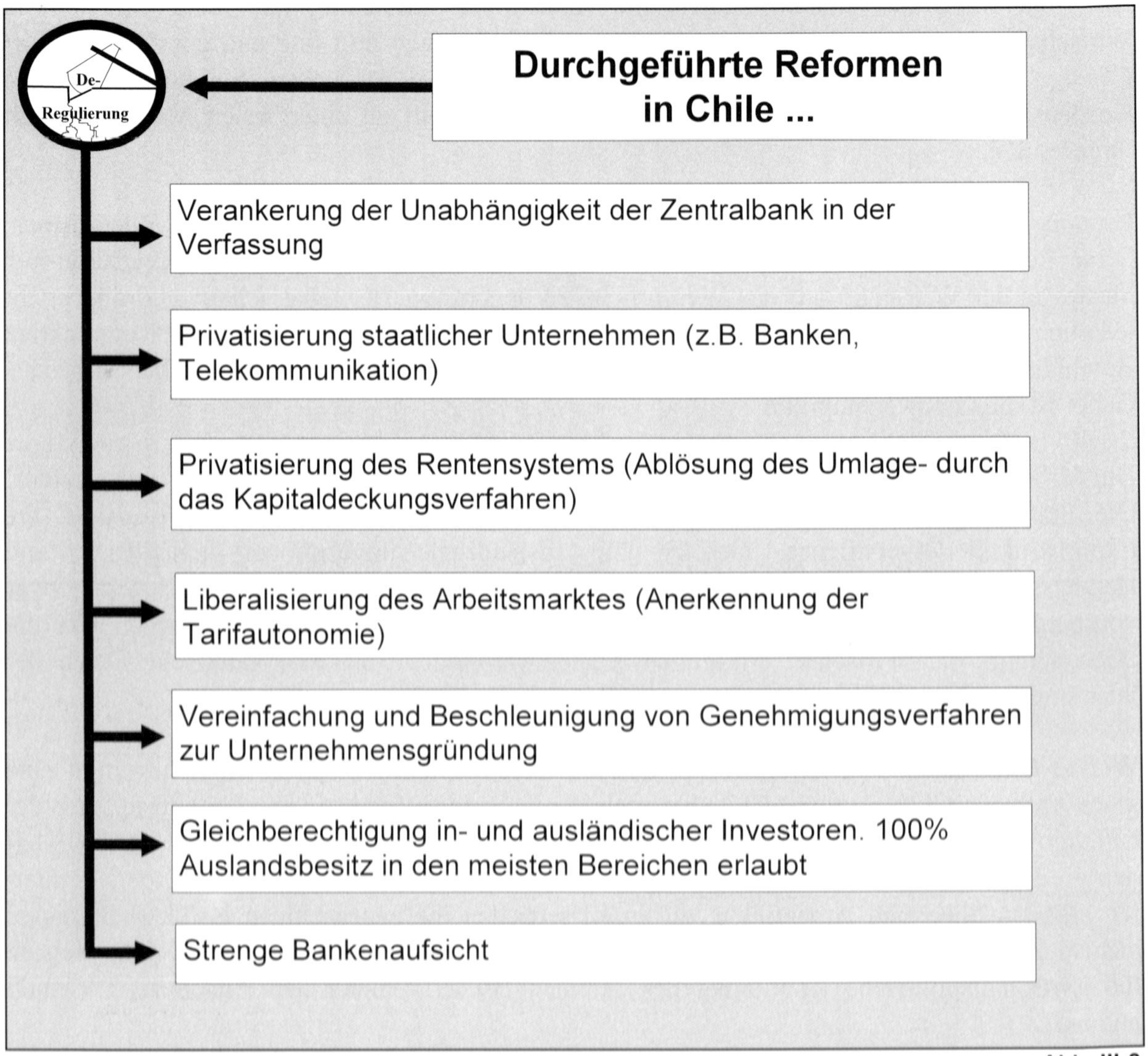

Abb. III-2

Die Militärregierung hat in über 15 Jahren den Reformkurs mit einer soliden Geld- und Fiskalpolitik sowie einer offenen und liberalen Wirtschaftspolitik für ausländische Investitionen konsequent gestützt. Seit der Rückkehr zur Demokratie 1990 haben die Regierung diesen wirtschaftspolitischen Kurs fortgesetzt. Kein anderes lateinamerikanisches Land hat bislang Reformen so zielstrebig und effizient umgesetzt. Zwei Gründen spielten und spielen immer noch eine wichtige Rolle: Erstens sind in dem schlanken Staat die bürokratischen Hemmnisse gering. Zweitens ist Korruption in Chile kein Thema. Daher versanden öffentliche Investitionsprojekte nicht in den Mühlen der Bürokratie und werden statt dessen zügig umgesetzt. Die Vorteile für ausländische Investoren können nicht hoch genug geschätzt werden: Zeit und Geldbeutel bleiben verschont und die Geduld wird nicht auf eine nervenzerreißende Probe gestellt.

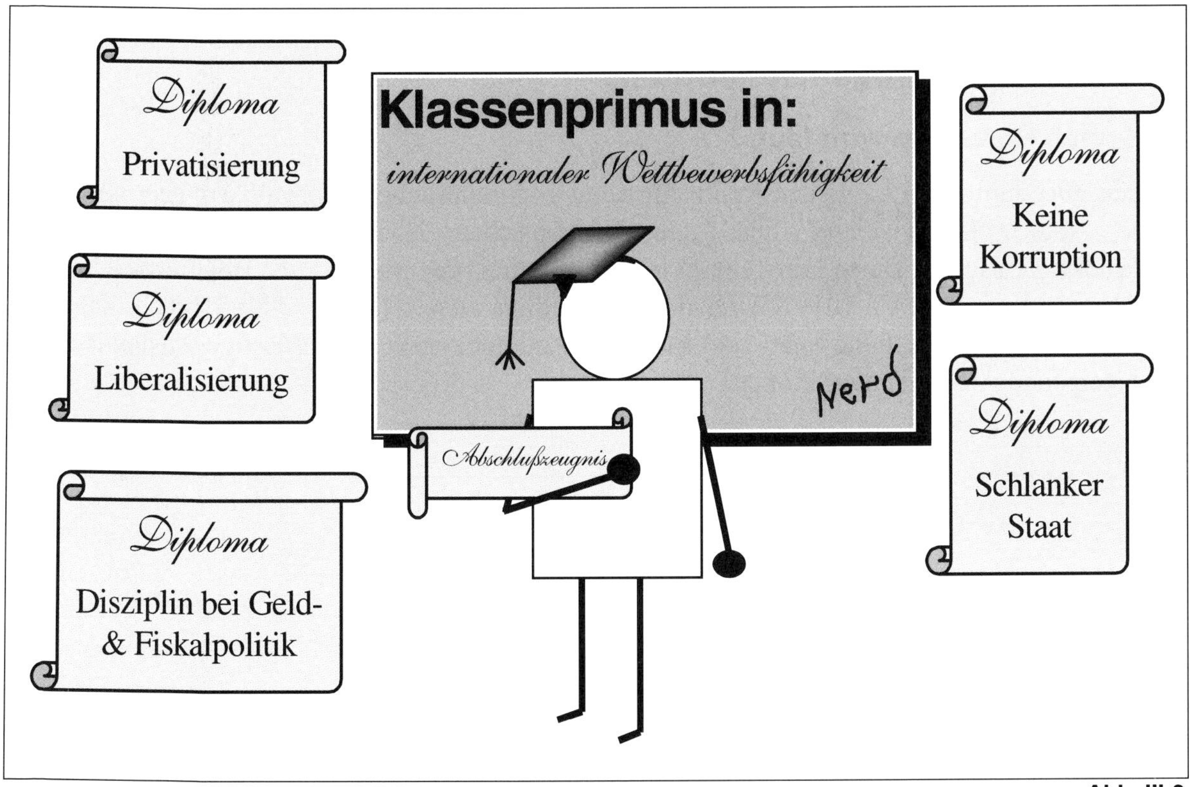

Abb. III-3

Die Chilenen sind entschlossen auf den marktwirtschaftlichen Reformzug aufgesprungen und haben das Vertrauen der Investoren aus dem Ausland gewonnen. 93% der befragten Unternehmen halten daher eine Umkehr der Reformen aus politischen Gründen für ausgeschlossen oder höchst unwahrscheinlich. Daran wird ihrer Meinung nach auch das Ergebnis der Präsidentschaftswahlen nichts ändern.

B) An der Schwelle ins nächste Jahrtausend: Kann Chile sein Image als Klassenprimus behaupten?

Ruf nach Reformen wird lauter

In den 90er Jahren hat Chile den Ruhm für seine kontinuierliche Reformpolitik geerntet. Nicht ohne Neid schauen einige der lateinamerikanischen Nachbarn auf die traumhaften makroökonomischen Daten, die Chile bis zu Beginn der Asienkrise 1997 erzielte: hohe Wachstumsraten des BIP, sinkende Inflationsraten (vgl. Abb. III-4), jährliche Haushaltsüberschüsse, hohe Spar- und Investitionsquoten, geringe kurzfristige Auslandsschuld und steigende Auslandsinvestitionen.

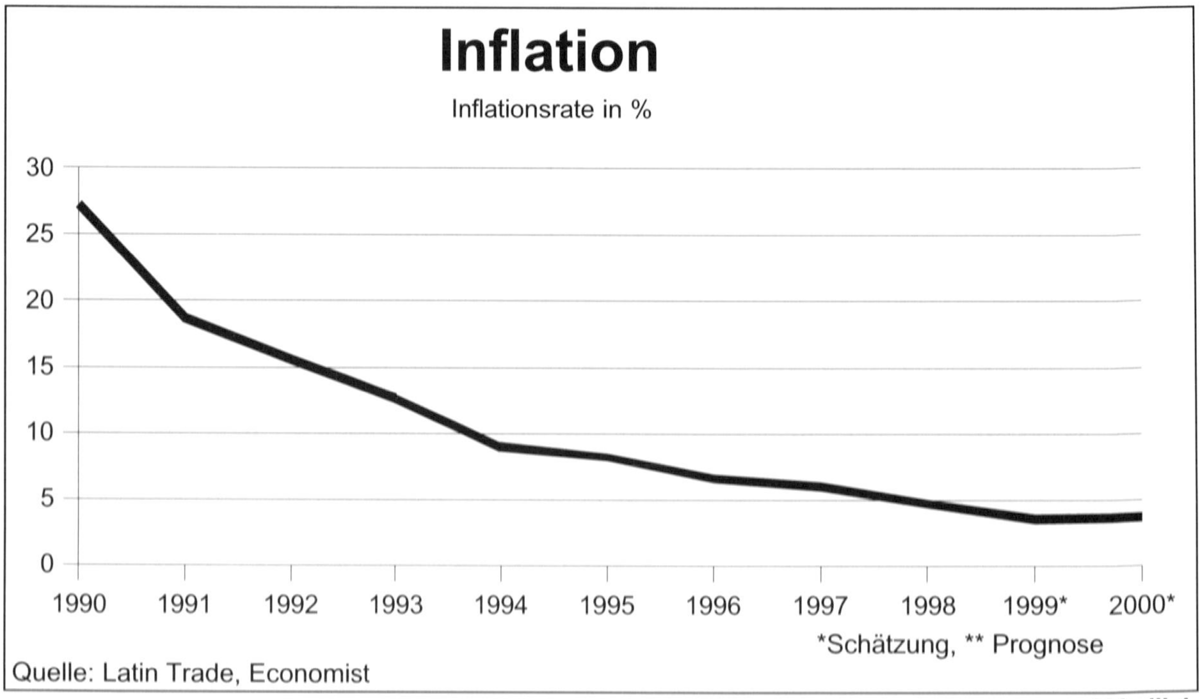

Abb. III-4

Der Wettkampf in Lateinamerika um ausländische Investoren ist allerdings härter geworden. Längst haben auch andere Länder, z.B. Brasilien, Argentinien oder Peru, ihre Grenzen geöffnet. Viele der befragten Unternehmen sehen die Gefahr, daß Chile sich zu sehr auf seinen Lorbeeren ausruhen und dabei langsam an internationaler Wettbewerbsfähigkeit einbüßen könnte. Um im Rennen weiterhin die Nase vorn zu behalten, muß Chile die in der Warteschleife stehenden Reformen in Angriff nehmen (vgl. Abb. III-5).

Den größten Reformbedarf sehen die europäischen Unternehmen bei Privatisierungen im Infrastrukturbereich, z.B. bei Häfen und der Wasserversorgung bzw. Abwasserentsorgung. Auch beklagen sie Defizite im Bildungswesen. Der Arbeitsmarkt wird zwar von jungen Akademikern überschwemmt, und die Betriebswirte, Juristen und Ingenieure sind sehr gut ausgebildet. Mangel herrscht aber insbesondere an gut qualifizierten Facharbeitern. Die Befragten empfehlen, Technologie und Innovation stärker zu fördern. „Chile wird das Nachsehen haben, wenn nicht innovativer gearbeitet wird", so ein europäischer Unternehmer. Mehr Innovation ist außerdem die unabdingbare Voraussetzung für die Diversifizierung und Veredelung der Exportprodukte, wenn Chile die Abhängigkeit von Rohstoff- und Agrarproduktpreisen auf dem Weltmarkt verringern möchte.

Mit der Rückkehr zur Demokratie im Jahr 1990 hat Chile sich verstärkt innenpolitischen Problemen zugewandt, z.B. der Armutsbekämpfung, der Verringerung der starken Ungleicheit bei der Einkommensverteilung oder der Glättung (inner-) parteilicher Wogen. Die hohen Wachstumsraten des BIP erlaubten eine Erhöhung der staatlichen Ausgaben in sozialen Bereichen. Die absolute Armut verringerte sich zwischen 1990 und 1997 um ca. 20%. Doch Chile wird sich steigende Sozialausgaben nicht länger leisten können, wenn sich wichtige Reformen weiterhin verschleppen. Es wird Zeit, daß die Reformfreudigkeit erneut in Mode kommt, damit Chile auf dem lateinamerikanischen Laufsteg wieder die bewundernden Blicke auf sich ziehen kann.

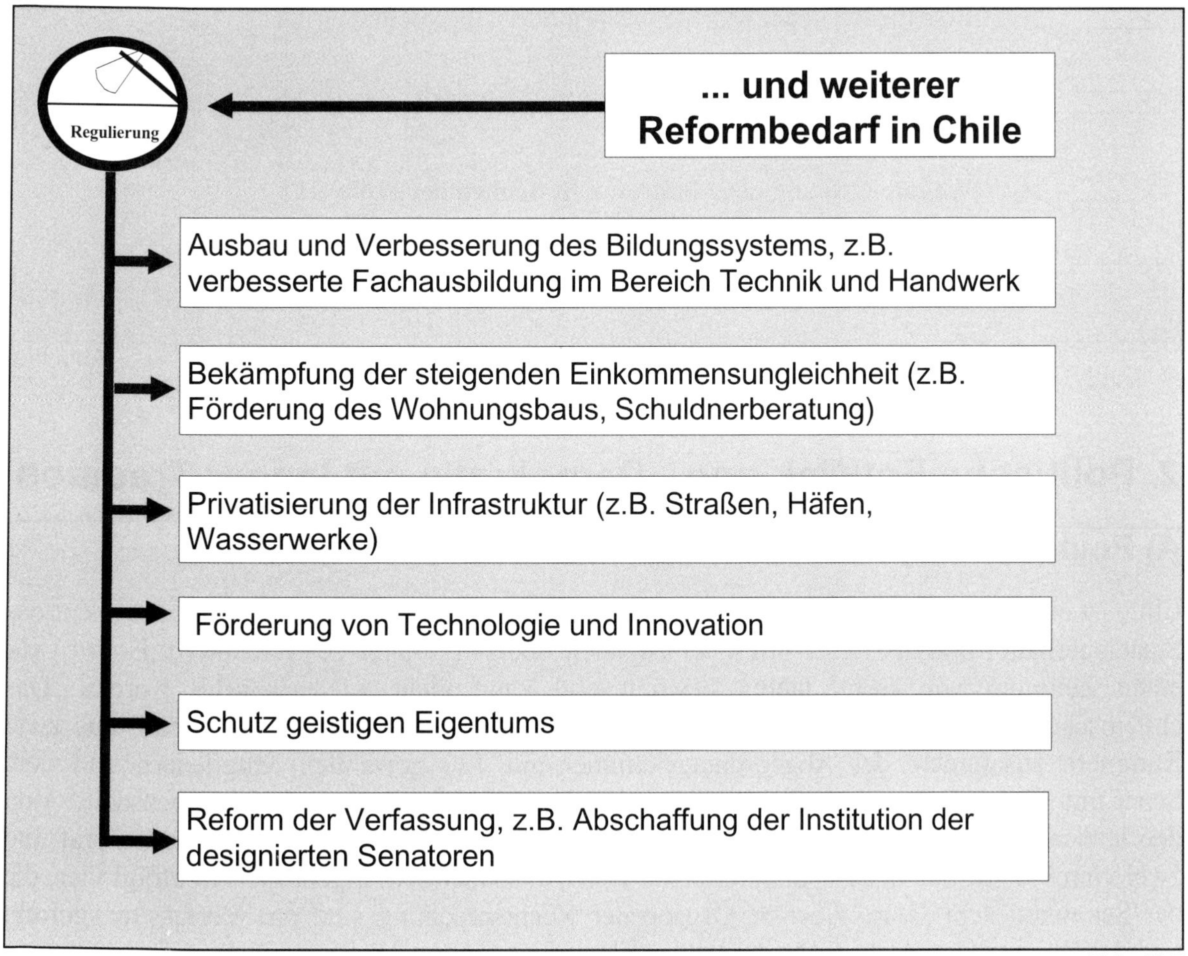

Abb. III-5

Positive Weichenstellung

Chile setzt auch in Zukunft auf die Internationalisierung der Wirtschaft. Es fährt dabei die Strategie des sog. *Regionalismo abierto* (Offener Regionalismus), welcher auf drei Säulen basiert. Erstens will Chile den einseitigen Abbau von Handelshemmnissen weiter vorantreiben: Die Regierung beschloß, den einheitlichen Importzoll von 10% in 1999 stufenweise auf 6% bis zum Jahr 2003 zu reduzieren. Zweitens intensiviert das Land seine Handelskontakte auf bilateraler Ebene. Es ist bereits dem Wirtschaftsblock MERCOSUR assoziiert und als einziges südamerikanisches Land Mitglied der APEC (*Asia-Pacific Economic Cooperation*). Den Kooperationsvertrag mit der EU möchte Chile ausbauen. Bilaterale Handelsabkommen bestehen mit Kanada, Mexiko, Venezuela, Kolumbien, Ecuador, Bolivien, Peru und den zentralamerikanischen Staaten. Seit Mitte 1999 laufen Gespräche mit Südkorea über ein Freihandelsabkommen. Im Fall von erfolgreichen Verhandlungen wären dies der erste transpazifische Vertrag dieser Art.

Auch bei der Technologieförderung zeichnen sich erste positive Schritte ab. Die Programme der nationalen Entwicklungsbehörde CORFO widmen sich vor allem kleinen und mittleren Unternehmen, um sie bei der Entwicklung von Technologie zu unterstützen (siehe Kap. IV.1.C).

TRENDS

- Erschließen neuer Märkte, insbesondere in Lateinamerika
- Handelsabkommen vernetzen Chile mit Märkten weltweit
- Weitere Öffnung des Marktes, z.B. Senken der Zölle
- Technologieförderung bei kleinen und mittleren Betrieben

Abb. III-6

2. Politische Entwicklung - Demokratie mit langer Tradition

A) Politisches System und Parteienlandschaft

Chile ist eine präsidiale Republik. Nach der Verfassung aus dem Jahr 1981 ist der Präsident das Staatsoberhaupt und als Regierungschef zugleich oberster Träger der Exekutive. Er wird für einen Zeitraum von sechs Jahren gewählt und kann nicht wiedergewählt werden. Das chilenische Parlament, seit 1990 mit Sitz in der Küstenstadt Valparaíso, setzt sich aus zwei Kammern zusammen: der Abgeordnetenkammer mit 120 gewählten Mitgliedern und dem Senat mit 38 gewählten, neun ernannten Mitgliedern und einem Senator auf Lebenszeit.[2] Von den letzteren werden drei vom Obersten Gerichtshof, vier vom Nationalen Sicherheitsrat und zwei vom Präsidenten der Republik ernannt. Die Amtsdauer der Abgeordneten beträgt vier, die der Senatoren acht Jahre. Höchste Organe der Rechtsprechung sind das Verfassungsgericht und der Oberste Gerichtshof. Die Gewaltenteilung ist konstitutionell verankert.

Präsident Eduardo Frei steht seit 1994 an der Spitze der Regierungskoalition, die *Concertación* (im Dezember 1999 finden Präsidentschaftswahlen statt). Diesem Mitte-Links Bündnis gehören vier Parteien an.[3] Bei den Parlamentswahlen im Dezember 1997 verlor die *Concertación* zwar Sitze, konnte aber ihre Mehrheit im Parlament mit knapp über 50% der Stimmen verteidigen. Das Kräfteverhältnis zwischen Regierung und Opposition[4] gilt zwar als ausgeglichen. Doch die designierten Senatoren favorisieren eine konservative Politik. Dadurch sitzt die Opposition im Senat am längeren Hebel und kann Reformpläne der Regierung

---

[2] General Pinochet ist Senator auf Lebenszeit.

[3] Stärkste Partei in dieser Koalition, der auch Frei angehört, ist die „*Democracia Cristiana* (DC)", die das politische Zentrum in Chile bildet. Die zweitstärkste Partei, „*Partido Socialista* (PS)", bildet zusammen mit der „*Partido Por la Democracia* (PPD)" und der schwachen „*Partido Radical Socialdemócrata* (PRSD)" den gemäßigten linken Flügel in der Regierungskoalition.

[4] Wichtigste Partei in der Opposition ist die konservative „*Renovación Nacional* (RN)", gefolgt von der etwas schwächeren „*Unión Demócrata Independiente* (UDI)".

blockieren. Die Institution der designierten Senatoren, in der Verfassung verankert, ist ein maßgeblicher Streitpunkt zwischen Regierung und Opposition: Die *Concertación* möchte die Ernennung der Senatoren abschaffen, doch der Senat hat bislang jeden Vorstoß der Regierung scheitern lassen.

B) Historische Entwicklung

Chile blickt auf tiefe demokratische Wurzeln zurück. Schon im 19. Jahrhundert bahnte die Verfassung von 1833 den Weg zur Bildung eines Mehrparteiensystems. Das Militär spielte in der Politik keine wesentliche Rolle. Daher bildet die Militärregierung unter Pinochet eine Ausnahme in der politischen Geschichte Chiles, zumal sie 17 Jahre lang währte. Da das Land 1973 wirtschaftlich und politisch in einer tiefen Krise steckte, räumen viele Chilenen ein, der Putsch am 11. September desselben Jahres hätte einen Bürgerkrieg vermieden. Sie rechneten jedoch nicht damit, daß das Regime so lange Zeit an der Macht bleiben würde.

Der Regierung unter Pinochet werden insbesondere in den Jahren 1973 bis 1975 schwere Menschenrechtsverletzungen vorgeworfen. Chile war aus diesen Gründen lange Zeit politisch isoliert. In der Verfassung von 1981 hatte sich Pinochet verpflichtet, im Jahr 1988 ein Plebiszit durchzuführen. Das chilenische Volk sollte sich für oder gegen die Verlängerung von Pinochets Amtszeit um weitere acht Jahre aussprechen. Es entschied sich für das Ende der Militärregierung und die Ausschreibung freier Wahlen.[5]

Der Übergang zur Demokratie im Jahr 1990 verlief friedlich. Der neue demokratisch gewählte Präsident Patricio Aylwin setzte zwei Schwerpunkte in seiner Amtszeit. Erstens führte er die liberale Wirtschaftspolitik nach dem Leitfaden der *Chicago Boys* fort. Gleichzeitig rückte auch die Bekämpfung der Armut unter dem Motto „Wachstum und Gerechtigkeit" in den Vordergrund. Zweitens rief er die Chilenen zur nationalen Versöhnung auf, denn das Land war zwischen Anhängern und Feinden des Pinochet-Regimes tief gespalten. Aylwin bewies in dieser schwierigen Aufgabe viel diplomatisches Geschick und vor allem ein hohes Maß an Einfühlsamkeit. Er hat Chile auf den historischen Pfad der Demokratie zurückgeführt.

Zu diesem fließenden und stillen Übergang hat aber auch folgende Entwicklung maßgeblich beigetragen: Das wirtschaftliche Leben wurde eindeutig Hauptakteur auf der Schaubühne des Alltags. Die Politik ist in den Hintergrund des öffentlichen Interesses gerückt. Der breite Konsens im „linken" und „rechten" Parteilager sowie in der Bevölkerung über das Modell der liberalen Marktwirtschaft wird auch in Zukunft für Stabilität sorgen. Das zeigt auch der wieder neu entflammte *Caso Pinochet*[6] nach Pinochets Festnahme Ende 1998 in Großbritannien. Ein spanischer Untersuchungsrichter fordert angesichts der Verstöße gegen die Menschenrechte die Auslieferung nach Spanien.[7] Natürlich kam es zu Protesten, vor allem auf politischer Ebene. Doch der Großteil der Bevölkerung verhielt sich ruhig. Daher sehen die Befragungsteilnehmer durch die Demonstrationen 1998/99 in keiner Weise die Demokratie gefährdet.

Der Sozialist Ricardo Lagos von der *Concertación* hat die erste Runde der Präsidentenwahl in Chile mit 47,96% nur knapp gewonnen. Der Rechtskonservative Joaquín Lavín erreichte

[5] In dem Plebiszit sprachen sich 43% für eine Verlängerung der Amtszeit Pinochets aus, 55% dagegen.
[6] *Caso Pinochet* (spanisch) heißt der „Fall Pinochet".
[7] Bis alle Rechtsmittel ausgeschöpft sind und es zu einer endgültigen Auslieferung kommt, können noch Jahre vergehen.

47,5%, das beste Ergebnis der Rechten seit Rückkehr der Demokratie 1990. Beide Kandidaten stehen für die Weiterführung des liberalen wirtschaftspolitischen Kurses, Lagos aber mit einem stärkeren Fokus auf Bildung und Gesundheit. Am 16. Januar kommt es zur Stichwahl. Wer auch immer die Wahl gewinnt, der neue Präsident wird sich mit dem *Caso Pinochet* auseinandersetzen müssen: Zum einen in Verhandlungen mit der britischen und spanischen Regierung über die Heimkehr des Generals, zum anderen im Prozeß der nationalen Versöhnung, der seit der Festnahme Pinochets wieder in Gang gekommen ist.

Caso Pinochet: ein unauflösbarer Widerspruch?

Nicht nur Chilenen, sondern auch ausländische Beobachter sehen sich einem Gewissenskonflikt ausgesetzt, wenn sie nach ihrer Beurteilung der Regierungszeit Pinochets befragt werden. Einerseits verdanken die Chilenen den Reformen Pinochets, daß sich das Land aus der wirtschaftlichen Misere zum Puma in Lateinamerika entwickelt hat. Der Vergleich Chiles mit den asiatischen Tigern erfüllt sie mit Stolz. Alle Chilenen konnten ihren Lebensstandard verbessern. Andererseits wurde unter dem Regime gefoltert und getötet.[8] Ungefähr 30.000 Chilenen gingen ins Exil. Die Bevölkerung vermied öffentliche politische Kritik, und die Geheimpolizei DINA war gefürchtet.

Wer die politischen Geschehnisse in Chile über die internationale Presse verfolgt, gewinnt den Eindruck, daß Chile politisch ein gespaltenes Land ist. Pinochets Sympatisanten verehren ihren „*General Inmortal*“[9] als einen Held, der das Land 1973 vor dem „Virus des Kommunismus“ gerettet hat. Die Gegner Pinochets verachten ihn und fordern, ihn vor Gericht zu stellen. Vor diesem Hintergrund hätte man erwarten können, daß mit der Festnahme Pinochets in Großbritannien Menschenmassen auf die Straßen strömen würden. Proteste gab es zwar, doch nur kleine Gruppen beteiligten sich in den einzelnen Stadtteilen Santiagos. Der weitaus größte Teil der Bevölkerung verhielt sich passiv.

Dieses Verhalten läßt Spielraum für Interpretationen. Generell sprechen Experten von einem steigenden Anteil der apolitischen Bevölkerung. Das mag verschiedene Gründe haben. Zum einen scheint es, als hätten sich Chilenen während des Militärregimes angewöhnt, ihr privates vom politischen Leben zu trennen oder sich komplett dem politischen Leben fernzuhalten. Zum anderen ist es vielleicht das Bedürfnis, für sich selber mit dem *Caso Pinochet* abzuschließen und den Blick mehr in die Zukunft als in die Vergangenheit zu richten. Hierzu zählen vor allem junge Chilenen, die die stürmischen politischen Zeiten nicht miterlebt haben, dafür aber in den Genuß des rasanten wirtschaftlichen Wachstums gekommen sind.

Inwieweit die 17-jährige Militärregierung auf die chilenische Seele Einfluß genommen hat, wird wohl auch in Zukunft ein sehr delikates Thema bleiben. Chilenen äußern ungern, vor allem Fremden gegenüber, ihre Erfahrungen oder ehrliche persönliche Meinung über diese Zeit. Im Alltagsleben hingegen spielt Pinochet schon längst keine Rolle mehr. Insbesondere aufgrund der angespannten wirtschaftlichen Lage seit der Asienkrise haben Chilenen andere Sorgen.

Auch wenn es für Außenstehende schwer zu begreifen ist: Jeder Chilene hat persönlich für sich seinen Weg gefunden, mit dem scheinbar unauflösbaren Widerspruch zwischen wirtschaftlichem Wohlstand und Menschenrechtsverletzungen zu leben. Chiles nationale Wunde wird vielleicht mit dem nächsten Generationswechsel verheilen.

Abb. III-8

[8] Eine von der Regierung beauftragte Kommission unter Leitung des ehemaligen Senators Raúl Rettig untersuchte und deckte die Menschenrechtsverletzungen unter dem Militärregime auf. Der „Rettig-Bericht“ wurde 1991 veröffentlicht, die Schuldigen aber nicht namentlich genannt. Kurz nach der Veröffentlichung wurde der Senator Jaime Guzmán, ein Sympathisant Pinochets, ermordet und die Arbeit der Kommission eingestellt. Seit der Festnahme Pinochets 1998 finden neue Gespräche zwischen Militär, Regierung und Menschenrechtsorganisationen zur Aufklärung der Verbrechen statt.

[9] *General Inmortal* (spanisch) heißt „Unsterblicher General“.

IV. Rechtliche Indikatoren - Durch den Dschungel der Paragraphen

1. Investitionsbeschränkung vs. Investitionsförderung

„Sehr klare Regelungen"

Das Bestreben der chilenischen Wirtschaftspolitik, Investoren langfristig stabile und klare rechtliche Rahmenbedingungen zu bieten, wird von den befragten Unternehmen in weiten Teilen als erfolgreich gewertet. Die Befragungsteilnehmer unterstreichen vor allem die für Investoren transparente und einfache Gesetzgebung. Ganz im Sinne der *Chicago Boys* (vgl. Kap. III.1.A) entspricht die Gesetzgebung dem Grundsatz des Staates, sich weitgehend aus dem Wirtschaftsgeschehen herauszuhalten und ausländische Investoren weder zu diskriminieren noch besonders zu fördern.

A) Beschränkungen für Auslandsinvestitionen in Chile

Rechtliche Einschränkungen für Direktinvestitionen bestehen in Chile praktisch nicht. Ausnahmen gelten nur in den Bereichen der Erdölgewinnung, der Atomindustrie und in der Fischerei. Allerdings beanstanden viele der befragten Unternehmen die Devisenbestimmungen der chilenischen Zentralbank (*Compendio de Normas de Cambios Internacionales del Banco Central, XIV*) für Auslandsinvestitionen, die nicht im Rahmen des DL 600 (vgl. Abb. IV-1) durchgeführt werden.

Kommt das Gesetzesdekret DL 600 nicht zur Anwendung, kann die Zentralbank Investoren verpflichten, einen bestimmten Prozentsatz ihres eingebrachten Kapitals als Mindestreserve auf ein Konto der Bank (*Encaje*) für ein Jahr zinslos festzulegen, wenn nach Ansicht der Behörden die Investition nur spekulativen Zwecken dient. Einige Befragungsteilnehmer kritisieren nicht nur das Ermessen der Zentralbank beim Klassifizieren des eingebrachten Kapitals, sondern auch die Befugnis zur jederzeitigen Einführung bzw. Erhöhung der *Encaje*. So betrug noch 1998 die Mindestreserve 30%, als in einer temporären Hochzinsphase ausländische Anleger verstärkt in die chilenische Währung investierten. Im selben Jahr wurde jedoch die Quote wieder auf 10% gesenkt und kurz danach sogar auf 0% herabgesetzt.

B) Staatliche Investitionsanreize - Mehr Planungssicherheit als großzügige Geschenke

Staatliche Investitionsanreize zur Förderung ausländischer Investitionen, z.B. in Form von Vergünstigungen bei Steuern und Abgaben oder einer Reduzierung der Importabgaben, konzentrieren sich in Chile überwiegend auf Zonenrandgebiete im äußersten Norden und Süden (z.B. Tarapacá, Arica, Parinacota, Magellan und die Chilenische Antarktis)[1] sowie auf die Forstwirtschaft.

Die wichtigsten Anreize des chilenischen Staates für ausländische Investitionen sind aber weniger materielle Wohltaten, sondern in einem Vertrag verbriefte Garantien für den Investor:

---

[1] "Zonenrandförderung" wird zumeist in Form von Freihandelszonen (z.B. in Iquique, Punta Arenas) betrieben.

Investitionen nach dem DL 600 - Der Vertrag mit dem Staat

Die Garantie der unternehmerischen Freiheit für ausländische Investoren findet in Chile ihren gesetzlichen Ausdruck in der 1974 geschaffenen (und zuletzt 1993 geänderten) Rechtsverordnung DL 600 (*Decreto Ley 600*) des Statuts über ausländische Investitionen. Die erforderliche Genehmigung einer Investition ist rechtlich als Vertrag zwischen dem chilenischen Staat, vertreten durch das Komitee für Auslandsinvestitionen (CIE[2]), und dem Investor gestaltet. Der Vertrag besteht nicht in einer einseitigen Verpflichtung des Investors gegenüber einer übergeordneten Genehmigungsbehörde, sondern hat privatrechtlichen Charakter. Innerhalb der vom DL 600 vorgegebenen Rahmenbedingungen besteht grundsätzlich Vertragsfreiheit.

Die Gestaltungsmöglichkeiten nach DL 600 bieten dem ausländischen Investor nicht nur wirtschaftlich vorteilhafte Bedingungen, sondern darüber hinaus auch ein hohes Maß an Rechtssicherheit.[3]

Gesetzesdekret DL 600

	Bestimmungen
Verfahren	- Mindestinvestitionssumme: 1 Mio. US$. - Genehmigung der Investition durch das Komitee für Auslandsinvestitionen (CIE) begründet Rahmenvertrag zwischen dem Investor und dem Staat Chile. Der Vertrag nach DL 600 hat Gesetzesstatus und ist nur in beiderseitigem Einvernehmen änderbar. - Rechtslage zum Zeitpunkt des Vertragsabschlusses kann für die gesamte Laufzeit festgeschrieben werden. - Dauer bis zur Genehmigung: etwa 1 Woche, ca. 4 Wochen, wenn Investitionsvolumen 5 Mio. US$ übersteigt oder bei Investitionen in Kommunikationsmedien und öffentliche Dienstleistungen.
Einbringung des Kapitals	- Zulässig sind alle frei konvertierbaren Währungen, Sacheinlagen, Technologie, Kredite (bis maximal 50% des gesamten Investitionskapitals), Kapitalisierung von Auslandskrediten und -schulden sowie von transferberechtigten Gewinnen. - Fristen zur Kapitaleinführung: innerhalb von 3 Jahren nach Genehmigung, im Bergbau 8 Jahre; Fristverlängerungen durch das CIE möglich.
Repatriieren von Kapital	- Das investierte Kapital kann frühestens nach einem Jahr wieder ausgeführt werden, aber nur im Falle der Liquidation oder der Veräußerung des Investitionsprojektes. Eingebrachte Technologie darf nicht gesondert von der Gesamtinvestition veräußert werden. - Versteuerte Investitionsgewinne können sofort ausgeführt werden. - Ein Zertifikat des CIE erlaubt Devisenkauf zum günstigen Bank-an-Bank Wechselkurs.

[2] Abkürzung für: *Comité de Inversiones Extranjeras.*

[3] 1998 wurden im Rahmen des DL 600 ausländische Investitionen im Wert von 6 Mrd. US$ durchgeführt. Das entspricht etwa 79% aller in diesem Jahr realisierten Auslandsinvestitionen. Im Vorjahr 1997 war der Anteil noch 63%. Verantwortlich für diese Entwicklung ist vor allem der Rückgang der Portfolioinvestitionen in 1998.

Besteuerung und Importabgaben	- Einräumung eines Wahlrechts: entweder a) Besteuerung nach allgemeinen Grundsätzen (vgl. Kap. VI.2.A), oder b) ein für 10 Jahre garantierter unveränderlicher Steuersatz von effektiv 42% auf das gesamte zu versteuernde Einkommen, verlängerbar auf 20 Jahre bei Investitionen über 50 Mio. US$. - Wechsel von b) „Sondertarif" nach a) „Normalbesteuerung" jederzeit einmalig möglich, nicht aber umgekehrt. - Bei Normalbesteuerung können der zum Zeitpunkt des Vertragsabschlusses geltende Mehrwertsteuersatz sowie Zollregulierungen für Investitionsgüter festgeschrieben werden. - Mehrwertsteuerfreie Einfuhr der unter die genehmigte Investition fallenden Kapitalgüter. - Erlöse aus der Veräußerung des eingebrachten Kapitals (z.B. Gesellschaftsanteile) sind in Höhe der genehmigten Investition von der Einkommenssteuer befreit.
Recht	- Die Gleichbehandlung mit inländischen Investoren ist garantiert. Gegen den Erlaß diskriminierender Gesetze ist der Rechtsweg zu den ordentlichen Gerichten offen, soweit vorher keine Abhilfe durch das CIE erfolgt.

Abb. IV-1

C) Förderungsprogramme chilenischer und europäischer Institutionen

Die Gründung eines Joint Venture mit einem Partner vor Ort wird von der Europäischen Kommission mit dem **ECIP-Programm** (European Community Investment Partners) unterstützt. Das Programm läuft offiziell 1999 zwar aus, wird aber wahrscheinlich wegen seines Erfolges neu aufgelegt.[4]

Obwohl sich ECIP primär an die Adresse kleiner und mittlerer Unternehmen richtet, können auch größere Unternehmen Anträge stellen. Lediglich multinationale Konzerne sind ausgeschlossen. ECIP stellt ein Finanzierungsinstrument dar, welches alle Phasen eines Joint Venture (Vorbereitung, Gründung, Konsolidierung) erfaßt. Die Gesamtsumme der EU-Hilfen beträgt maximal 1,3 Mio. Euro je Joint Venture. Zur Abwicklung des Programms hat die Europäische Kommission Verträge mit ausgewählten Kreditinstituten sowohl in den Zielländern als auch in allen Mitgliedsländern der Europäischen Union (EU) unterzeichnet. Anträge können je nach Bereich direkt bei der Kommission oder bei den von der EU zugelassenen Finanzinstituten gestellt werden. Zum Zeitpunkt der Antragstellung darf das Gemeinschaftsunternehmen zwischen den Partnern in der Regel vertraglich noch nicht vereinbart sein. Allerdings kann die Erweiterung eines bestehendes Joint Venture gefördert werden.

Die Kommission hat für dieses Programm ein Budget von 250 Mio. Euro bereitgestellt und bearbeitet Förderungsanträge wohlwollend. Die Gesamtbearbeitungsdauer von der Antragstellung bis zur Zusage bzw. Auszahlung beträgt etwa eineinhalb bis zwei Jahre. Trotzdem wird in einigen Ländern der EU von diesem Instrument wenig Gebrauch gemacht. Gründe sind vor allem der fehlende Bekanntheitsgrad des Programms und der gefürchtete

[4] Bis Redaktionsschluß war noch keine endgültige Entscheidung der Europäischen Kommission gefallen. Aktuelle Informationen können z.B. von Herrn Michael Müller, Leiter der ECIP-TAU in Brüssel, erfragt werden: eciptau@ibm.net.

Papierkrieg bei der Antragstellung. Auch wenn sich die Bewerbungsformulare ohne größere Probleme ausfüllen lassen, empfehlen *Insider* das Hinzuziehen eines Experten, der mit den „Zauberwörtern“ bei der Beschreibung des Joint Venture Projektes vertraut ist.

AL-INVEST ist ein weiteres Förderprogramm der Kommission speziell für Lateinamerika, welches Treffen zwischen Unternehmen derselben Branche auf beiden Seiten des Atlantiks organisiert. Für gewöhnlich finden diese zweitägigen Treffen auf besonderen Messen statt. Die EU stellt die notwendige Infrastruktur und übernimmt die komplette Organisation sowie die dafür anfallenden Kosten. Das Unternehmen trägt lediglich die Auslagen für die Anreise und den Aufenthalt. Die Förderung ist unabhängig davon, ob es anschließend zu einem Geschäftsabschluß kommt. Interessierte Unternehmen können sich an Institutionen in Europa oder in Chile (z.B. *Eurocentros*) wenden, die von der Kommission für dieses Programm ausgewählt worden sind.

Auf **nationaler Ebene** in Europa unterstützt z.B. die deutsche Kreditanstalt für Wiederaufbau (KfW) private Investitionen in Chile. Obwohl die Zielgruppe der KfW-Projekte vor allem kleine und mittlere chilenische Unternehmen sind, können auch deutsche in Chile angesiedelte Unternehmen einen Kredit der KfW zur langfristigen Finanzierung (3-10 Jahre) von Produktivinvestitionen und Investitionsgüterexporten erhalten, wenn sie eine Finanzierung zu den in Chile gebotenen Konditionen wünschen. Die Refinanzierung erfolgt bei der staatlichen Entwicklungsgesellschaft **CORFO**[5]. In anderen Ländern Europas existieren vergleichbare Organisationen und Programme.

2. Die Entscheidung über die Unternehmensform - Fundament für den gelungenen Start

A) Unternehmensgründung - Selten eine Geduldsprobe

Wahl der Rechtsform - Steuern und Haftung nicht ausschlaggebend

Die am häufigsten von nationalen und ausländischen Investoren verwendeten Gesellschaftsformen sind die offene oder geschlossene Aktiengesellschaft (*Sociedad Anónima*, abgekürzt **S.A.**) und die Gesellschaft mit beschränkter Haftung (*Sociedad de Responsabilidad Limitada*, abgekürzt **Ltda.**). Die Ltda. ist insbesondere bei kleinen und mittleren Unternehmen beliebter, bei denen die Persönlichkeit der Gesellschafter im Vordergrund steht und keine wesentlichen Veränderungen in der Organisationsstruktur vorausgesehen werden. Aus steuerlicher und haftungsrechtlicher Sicht bestehen zwischen beiden Rechtsformen keine wesentlichen Unterschiede. Deswegen tendieren Neugründungen zur Aktiengesellschaft, die deren erweiterten Finanzierungsmöglichkeiten und flexiblere Struktur nutzen wollen.

> Der Trend geht zur Aktiengesellschaft (S.A.)

Ein Investor in Chile hat prinzipiell die freie Wahl der Gesellschaftsform. Beschränkungen bestehen im Finanzsektor, z.B. für Banken, Finanzinstitute und Fonds. Diese müssen in Form einer S.A. geführt werden. Offene Aktiengesellschaften unterliegen nach dem Willen des chilenischen Gesetzgebers einer strengeren Reglementierung und Kontrolle als geschlossene.

---

[5] CORFO: Abkürzung steht für *Corporación de Fomento de la Producción*; die chilenische Wirtschaftsförderungsgesellschaft ist als staatliche Einrichtung für die Förderung der Produktionstätigkeit insbesondere kleiner und mittlerer Unternehmen in Chile zuständig. Adresse siehe Anhang.

Statt eine neue Gesellschaft zu gründen, ist es möglich, sich durch die Übernahme eines Teils des Stammkapitals in ein bestehendes lokales Unternehmen einzukaufen. Die Satzung wird in diesem Fall zugunsten der Rechte und Pflichten des ausländischen Partners ergänzt. Sonderregelungen für Joint Ventures bestehen nach chilenischem Recht nicht. Sie können mit allen Gesellschaftsformen durchgeführt werden. Die meisten Joint Ventures wurden bisher im Bereich der Forstwirtschaft gegründet.

Ein Mindestkapital ist in der Regel weder für Aktiengesellschaften (S.A.) noch für Gesellschaften mit beschränkter Haftung (Ltda.) gesetzlich vorgeschrieben. Das vereinbarte Nominalkapital einer Aktiengesellschaft muß innerhalb von drei Jahren vollständig gezeichnet und eingezahlt werden. Andernfalls wird das Kapital auf den tatsächlich eingebrachten Betrag reduziert. Besondere Regelungen für die Höhe des Gesellschaftskapitals und dessen Einbringung gelten insbesondere für Banken, Finanzinstitute und Versicherungsunternehmen.

Die wichtigsten Unternehmensformen auf einen Blick

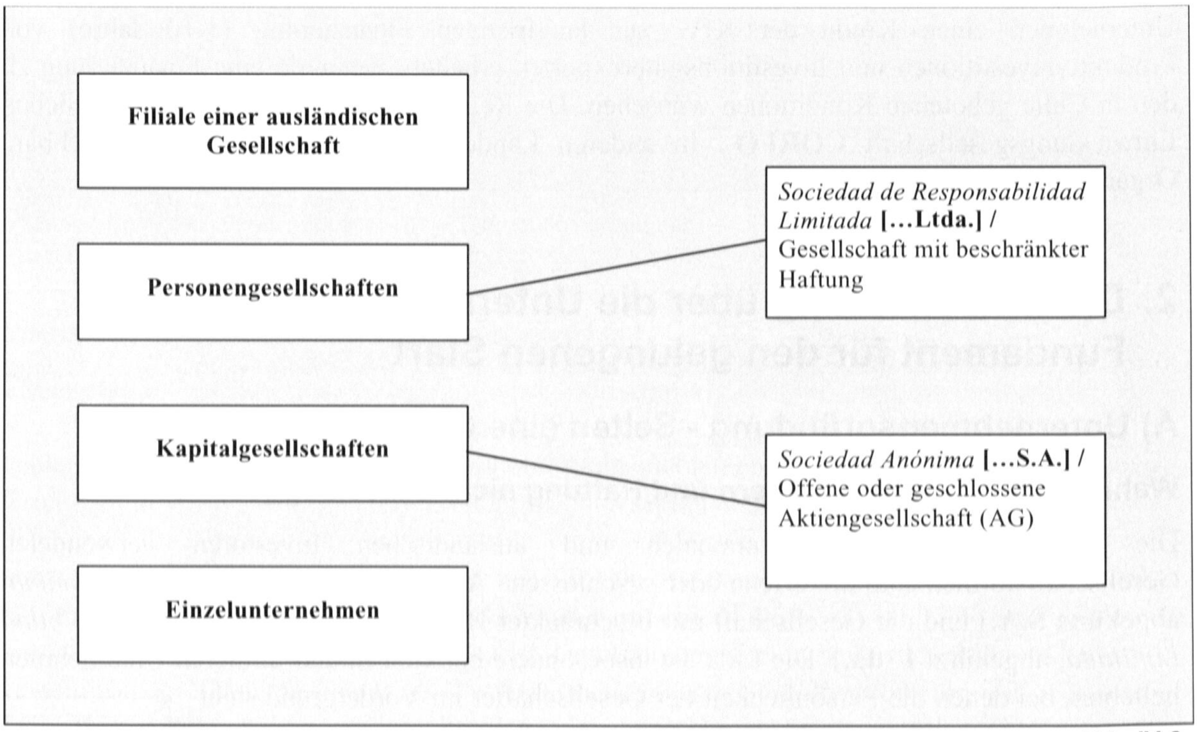

Abb. IV-2

Der Gründungsprozeß - Schnell und unkompliziert

Nach dem Statut über Ausländische Investitionen (*Estatuto de la Inversión Extranjera*) von 1993 gilt der Grundsatz der Investitionsfreiheit. Das Komitee für Auslandsinvestitionen (CIE) oder die Chilenische Zentralbank haben die Gründung des zu errichtenden Unternehmens zu genehmigen. In der Praxis gilt die Maxime der Regierung, ein Höchstmaß an ausländischen Investitionen in Chile anzusiedeln. Für den Erwerb von Konzessionen müssen Bewerber zwar oft anspruchsvolle Kriterien erfüllen, aber deren Vergabe erfolgt dafür mit geringem bürokratischen Aufwand. Staatliche Auflagen stellen nur in wenigen Ausnahmefällen einen Hinderungsgrund für die Gründung z.B. eines 100% Tochterunternehmens oder eines Joint Ventures mit absoluter Mehrheitsbeteiligung dar.

Chile schneidet bei der Beurteilung der staatlichen Auflagen zur Gründung eines Unternehmens im internationalen Vergleich sehr gut ab. Mit einem Wert von 4,4 (zur Erinnerung: 1 = „sehr hoch“, 5 = „sehr niedrig“) schätzen die Befragungsteilnehmer die Auflagen nahezu als vernachlässigbar ein. Einige Manager sind der Meinung, daß angesichts der zahlreichen Auflagen bei einer Unternehmensgründung in Europa der Genehmigungsprozeß in Chile keinesfalls undurchsichtiger oder komplizierter sei.

Investitionsvorhaben in Chile lassen sich im internationalen Vergleich schnell verwirklichen. Zwischen den ersten konkreten Schritten, z.B. der Kontaktaufnahme mit dem lokalen Partner, und dem Beginn der Geschäftstätigkeit liegen nach Angaben der Befragungsteilnehmer durchschnittlich nur 9 Monate.[6]

Von der Vertragsverhandlung bis zur Aufnahme der Geschäftstätigkeit

Etappen der Unternehmensgründung	Monate
Erste konkrete Schritte bis zur offiziellen Beantragung des Unternehmens	4
Zeit von der Beantragung bis zur Genehmigung der Geschäftstätigkeit	2
Zeit von der Genehmigung bis zum Beginn der Produktion bzw. Geschäftstätigkeit	3
Gesamt:	9

Abb. IV-3

Für Chile spricht vor allem die schnelle und unkomplizierte Abwicklung der Genehmigung. Allerdings tendieren manche chilenische Bürokraten, wenn sie nicht über ausreichende Expertise (z.B. im Umweltschutz) verfügen, aus Unsicherheit und Angst vor eigenen Fehlern zu ausgedehnteren Prüfungsprozessen. Allgemein gilt jedoch die Bürokratie in Chile als ungewöhnlich effizient, was sicherlich auch auf die praktisch nicht existente Korruption zurückzuführen ist. Dementsprechend werden bürokratische Verzögerungen mit einem Wert von 4 als gering eingestuft. Das Entrichten von „Expressgebühren“ zur Verkürzung von Genehmigungsprozessen und Formalitäten, wie sie in vielen Ländern Asiens und Lateinamerikas üblich sind, ist in Chile nicht notwendig; Experten raten sogar davon ab.

[6] Vgl. Siemsen, H., Geissbauer, R.: **Direktinvestitionen in China, Indien und Indonesien**, Juni 1996, S. 47 und Siemsen, H., Gerz, C.: **Focus Mexiko - Visionen und Tips für die intelligente Markterschließung**, Oktober 1998, S. 52: Der Gründungsprozeß dauert in China 35 Monate, in Indien 30 Monate, in Indonesien 24 Monate und in Mexiko 12 Monate. Nach einer noch unveröffentlichten Studie der Global Strategy Series von Gerz und Siemsen dauert die Gründung in **Brasilien** etwa 25 Monate.

Rahmenbedingungen zur Gründung einer Gesellschaft

	Offene Aktiengesellschaft	Geschlossene Aktiengesellschaft	Gesellschaft mit beschränkter Haftung
Rechtsform & Firma	*Sociedad Anónima* [**S.A.**]. Der Name der Gesellschaft ist grundsätzlich frei wählbar, sollte aber den Geschäftsbereich enthalten.		*Sociedad de Responsabilidad Limitada* [***Ltda.***]. Der Name der Gesellschaft muß entweder der eines oder mehrerer Gesellschafter sein oder den Geschäftsbereich enthalten.
Beschränkungen	Rechtsform kommt nur in drei Fällen in Frage: a) Aktien werden an der Börse gehandelt, oder b) mindestens 500 Aktionäre, oder c) mindestens 10% des Kapitals wird von 100 oder mehr Aktionären kontrolliert.	Grundsätzlich sind keine Geschäftsbereiche ausgeschlossen. Rechtsform kommt in Betracht, wenn keine der drei Kriterien für eine offene Aktiengesellschaft erfüllt sind.	Rechtsform ist für Banken, Versicherungen und bestimmte Fonds ausgeschlossen.
Zuständige Behörden	Zentralbank, Komitee für Auslandsinvestitionen (CIE), Steuerbehörde (*Servicio de Impuestos Internos*), Stadtverwaltung des Unternehmenssitzes u.and.; Für offene S.A.: Aufsichtsbehörde für Wertpapiere und Versicherung (*Superintendencia de Valores y Seguros, SVS*); Sonderbehörden existieren z.B. für den Finanzsektor		
Antragsbearbeitung durch die Behörden	1 - 4 Wochen		
Genehmigungsverfahren / Erforderliche Unterlagen	Die Gesellschafter beauftragen einen Anwalt mit der Ausarbeitung der Satzung. Juristische Personen müssen sich durch einen Bevollmächtigten vertreten lassen. Eine Zusammenfassung der notariell beglaubigten Satzung des Unternehmens muß im Amtsblatt veröffentlicht und im Handelsregister eingetragen werden. Dies gilt auch für jegliche spätere Änderung der Statuten. Die Gesellschaft muß bei der zuständigen Stadtverwaltung und der nationalen Steuerbehörde angemeldet werden. Dort erhält sie ihre Steuernummer (*Rol Único Tributario, RUT*). Für S.A.: In bestimmten Geschäftsbereichen wie Banken und Versicherungen ist eine Gründungserlaubnis durch eine staatliche Behörde erforderlich. Die Genehmigungsurkunde muß mit der Zusammenfassung der Satzung veröffentlicht und eingetragen werden.		

Kapitalausstattung	Grundsätzlich kein Mindestkapital erforderlich; dreijährige Frist für Zeichnung und Einzahlung des Anfangskapitals oder Reduzierung auf den tatsächlichen Betrag; Ausgabe von Vorzugsaktien möglich. Erhöhung des Kapitals verlangt u.a. Satzungsänderung; bei Kapitalherabsetzung, Fusion oder Akquisitionen ist Zustimmung durch Zweidrittelmehrheit des Kapitals auf einer außerordentlichen Aktionärsversammlung erforderlich; die Steuerbehörde ist vorher zu benachrichtigen.		Kein Mindestkapital erforderlich; keine Aktienausgabe. Erhöhung des Kapitals meist ohne weitere Formalitäten möglich. Einstimmigkeit aller Gesellschafter bei Erhöhung oder Verringerung des Kapitals erforderlich. Vor einer Kapitalherabsetzung ist die Steuerbehörde zu unterrichten.
Haftung	Aktionäre sind haftbar nur in Höhe des gezeichneten Kapitals.		Gesellschafter sind haftbar nur in Höhe ihres vereinbarten Kapitalbeitrages.
Gesellschafter	Zu Anzahl der Aktionäre siehe „Beschränkungen"; Bei der Gründung müssen zumindest so viele Aktionäre wie in den Statuten vorgesehene Vorstandsmitglieder auftreten. Hauptversammlung der Aktionäre ist das höchste Gremium.	Mindestens 2 Gründungsaktionäre und mindestens so viele Aktionäre wie in den Statuten vorgesehene Vorstandsmitglieder. Hauptversammlung der Aktionäre ist das höchste Gremium.	Mindestens 2, maximal 50 Gesellschafter; Gesellschafterwechsel müssen von allen Gesellschaftern gebilligt werden.
Unternehmensführung	Mindestens 5 Vorstandsmitglieder (*Consejo Directivo*); Geschäftsführer darf nicht gleichzeitig dem Vorstand angehören.	Mindestens 3 Vorstandsmitglieder (*Consejo Directivo*); Geschäftsführer darf zwar Vorstandsmitglied, aber nicht Vorsitzender sein.	Jeder Gesellschafter ist zur Geschäftsführung berechtigt. Gesetzesvermutung ist jedoch abdingbar.
Gewinnverteilung	Gesetzliche Pflichtdividende an Aktieninhaber in Höhe von 30% des Nettogewinns pro Wirtschaftsjahr; Regelung jedoch abdingbar.	Vertragsfreiheit.	Vertragsfreiheit.
Sonstiges	Jährlicher Finanzausweis muß bei der Aufsichtsbehörde SVS eingereicht und in einer lokalen Tageszeitung offengelegt werden. Keine gesetzliche Verpflichtung zur Auflösung der Gesellschaft, wenn Verluste einen bestimmten Prozentsatz des Eigenkapitals übersteigen.	Finanzausweis muß nicht veröffentlicht werden. Keine gesetzliche Verpflichtung zur Auflösung der Gesellschaft, wenn Verluste einen bestimmten Prozentsatz des Eigenkapitals übersteigen.	Keine Publizitätspflicht.
Rechtsgrundlagen	Statut über Ausländische Investitionen (*Estatuto de la Inversión Extranjera, Decreto Ley*); Kompendium von Normen des internationalen Devisenwechsels der Zentralbank, Kapitel XIV, XXVI und XIX (*Compendio de Normas de Cambios Internacionales del Banco Central*); Allgemeines Gesetz für Handelsgesellschaften (*Ley General de Sociedades Mercantiles*); Handelsgesetzbuch (*Código de Comercio*).		

Abb. IV-4

B) Geschäftsführung, Partner und *Directorio* - Die Mannschaft des Erfolges wählen

Eng mit der Art des Engagements verknüpft ist die Frage der Geschäftsführung, die Partnerwahl in einem Gemeinschaftsunternehmen und die Besetzung des vorstandsähnlichen Kollegiums (*Directorio* oder *Consejo Directivo*) im Falle einer Aktiengesellschaft.

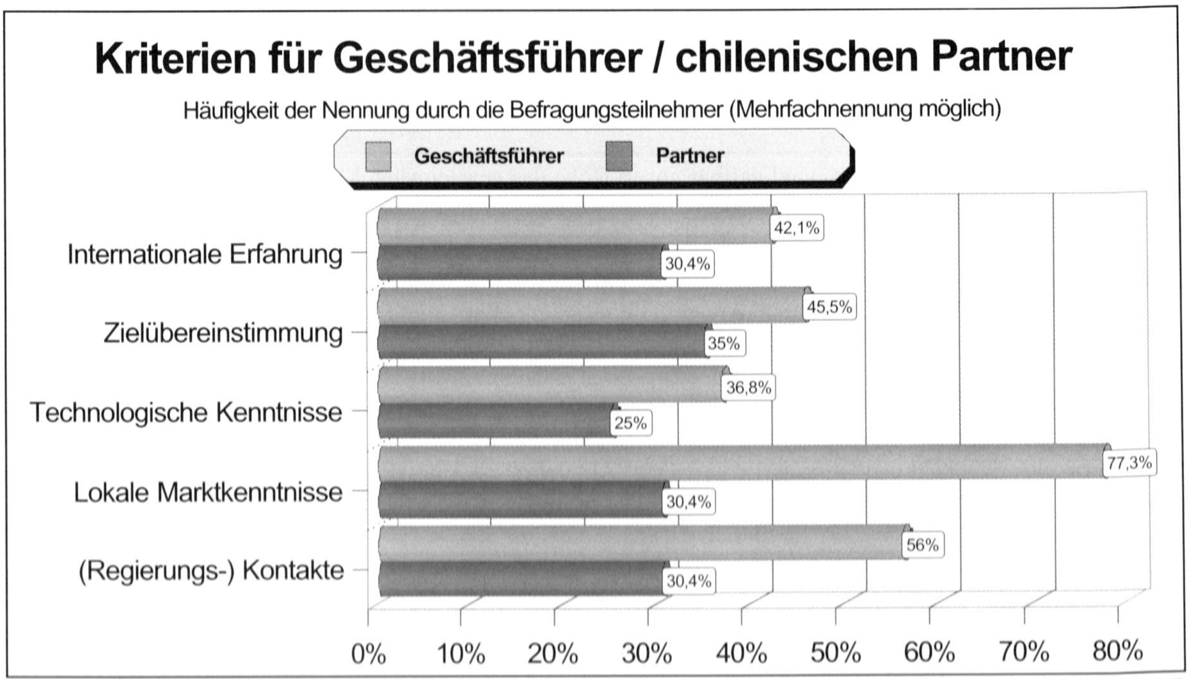

Abb. IV-5

Der Geschäftsführer, der in Chile *Gerente General* oder *Director General* genannt wird, ist für die täglichen Entscheidungen des Unternehmens verantwortlich. Als mit Abstand wichtigstes Kriterium für die Auswahl eines Geschäftsführers nennen über drei Viertel der befragten Unternehmen dessen lokale Marktkenntnisse. Über die Hälfte der Befragungsteilnehmer geben gesellschaftliche oder politische Kontakte (56%) als Einstellungskriterien für eine Führungskraft an. Aus ihrer Sicht sind dies die Erfolgsfaktoren, um die wichtigen Türen zur „verschworenen chilenischen Gemeinschaft" (vgl. Kap. VIII.3.B) zu öffnen und im harten Wettbewerb auf dem lokalen Markt zu bestehen. Zielübereinstimmung zwischen Investor und Geschäftsführer (45,5%), internationale Erfahrung (42,1%) und technologische Kenntnisse (36,8%) runden das Anforderungsprofil ab.

Immer mehr ausländische Unternehmen beauftragen einen lokalen Manager mit der Geschäftsführung. Professionelle chilenische Führungskräfte sind mit den Gegebenheiten vor Ort vertraut. Außerdem sind die Kosten für einen externen lokalen Manager i.d.R. niedriger als für einen europäischen Vertragsangestellten. Die meisten chilenischen Führungskräfte verfügen über einen ausgeprägten, US-amerikanisch beeinflußten Geschäftssinn. Allerdings kommt es immer wieder vor, daß sich lokale Geschäftsführer „flügge" machen, um ihr eigenes Geschäft aufzuziehen. Ein Sonderfall sind Chilenen deutscher Herkunft. Sie gelten als loyal und werden außerdem aufgrund der Sprache und Mentalität als leitende Angestellte oder Geschäftspartner von deutschen Unternehmen geschätzt (vgl. Kap. VII.1.D).

Mehr als ein Drittel der befragten Unternehmen, die sich bei ihrem Engagement in Chile z.B. aufgrund begrenzter finanzieller und personeller Ressourcen für die Zusammenarbeit mit einem lokalen Partner entschieden haben, geben bei der Partnerwahl gemeinsame Ziele bei der strategischen Ausrichtung des Gemeinschaftsunternehmens als Auswahlkriterium an. Über 30% der Befragungsteilnehmer halten ebenfalls lokale Marktkenntnisse, (Regierungs-) Kontakte und internationale Erfahrung des Partners für wichtig. Interessant ist die Tatsache, daß immerhin ein Viertel der befragten Unternehmen technologische Kenntnisse als Kriterium für einen lokalen Partner angeben. Dies zeigt, daß chilenische Unternehmen in einigen Branchen, z.B. im Bergbau, über moderne Fertigungstechniken und ausreichend technisches Know-how verfügen.

Die Aktionäre wählen zur Verwaltung des Unternehmens zunächst den Vorstand. Häufig wird für die Aufbauphase der Gesellschaft ein alleiniger Verwalter bevorzugt und erst später das *Directorio* gewählt. Die Aktionärsversammlung ist das höchste Entscheidungsgremium einer Aktiengesellschaft, in welcher der Vorstand Rechenschaft abzulegen und den Aktionären einen Vorschlag für die Gewinnverteilung zu unterbreiten hat.

Verbot der Personalunion bei S.A.

Der Geschäftsführer wird in der Regel von dem *Directorio* bestimmt. In einer geschlossenen Aktiengesellschaft (S.A.) darf der Geschäftsführer zwar Vorstandsmitglied, aber nicht gleichzeitig dessen Vorsitzender sein. Ein noch strengeres Verbot der Personalunion gilt bei einer offenen S.A.: Geschäftsführung und Sitz im Vorstand sind nicht in einer Person vereinbar. Der Vorstand muß in regelmäßigen Abständen tagen. Kann ein Direktor nicht an einem Treffen teilnehmen, z.B. weil eine Anreise aus Europa notwendig wäre, gibt es die Möglichkeit, einen *Director Suplente* als Vertreter zu bestimmen. Als Vertreter bieten sich z.B. lokale Wirtschaftsprüfer, Rechtsanwälte oder vor Ort tätige Europäer an. Durch das Bestimmen eines *Director Suplente* kann die Repräsentierung der eigenen Interessen in diesem wichtigen Kontrollorgan sichergestellt werden.

3. Rechtsvorschriften zum Schutz von Investitionen - Kluft zwischen Anspruch und Wirklichkeit?

Der chilenische Staat hat zur Absicherung ausländischer Investitionen eine Reihe von Rechtsvorschriften erlassen und multilaterale Abkommen (z.B. Gründungsmitglied des GATT, jetzt WTO; Beobachterstatus in der OECD) unterzeichnet (vgl. Abb. IV-7). Des weiteren hat Chile bilaterale Vereinbarungen zum umfangreichen Schutz von Investitionen mit zahlreichen Ländern (in Europa z.B. Bundesrepublik Deutschland, Belgien, Dänemark, Österreich, Schweiz, Schweden) getroffen. In diesen Abkommen verbürgt sich das Unterzeichnerland dafür, Verluste auszugleichen, die aufgrund von Nationalisierung, Enteignung, Krieg, politischen Aufständen oder durch die Nichtkonvertierbarkeit der Währung des Gastlandes entstehen.

Chiles Gesetzgebung zum Schutz von geistigem Eigentum ist im wesentlichen mit internationalen Normen vereinbar und ausländische Unternehmen können Rechtsansprüche vor den nationalen Gerichten erfolgreich durchsetzen.[7] Allerdings hinkt Chile im Bereich des

[7] In einem Verfahren vor dem Vierten Chilenischen Strafgericht in Iquique (Region I) setzten Warner Brothers und DC Comics am 2. April 1998 erfolgreich die Zerstörung von 250.000 illegal hergestellten Spielsachen (insgesamt 14 Container) durch. Dies war in Chile die bisher größte Vernichtung von Raubmaterial. Sie zeigt die zunehmende Entschlossenheit der Behörden zur Bekämpfung der Piraterie.

Patentschutzes noch internationalen Standards hinterher. Das Gesetz über Industrielles Eigentum vom September 1991 gewährt Patente nur für maximal 15 Jahre. Die Vereinbarungen der Uruguay Runde verlangen jedoch von Chile bis 2003 eine Erhöhung auf die üblichen 20 Jahre. Die befragten Unternehmen der pharmazeutischen Industrie beklagen den mangelnden Rechtsschutz ihrer bereits im Ausland patentierten Produkte bis zur (manchmal mehrere Jahre dauernden) Registrierung in Chile.

Mißachtung des Rechts am geistigen Eigentum: Kavaliersdelikt oder Piraterie?

Zugegeben, überall wird gerne das Know-how anderer kopiert anstatt selbst innovativ zu sein. Die scheinbaren Vorteile liegen auf der Hand: Nachahmer sparen Entwicklungskosten und verkürzen die Einführungszeiten für ihre Produkte. Wenn einige der befragten Unternehmen und Experten Chilenen als „Weltmeister im Kopieren“ bezeichnen, geschieht dies sicherlich nicht nur aus reiner Bewunderung darüber, wie „gut und schnell“ sie das machen. Hat ein ausländisches Unternehmen mit einem neuen Produkt eine Marktlücke entdeckt, ahmen Chilenen es sofort nach. Mit der Begründung „Alle kopieren“ versuchen sie ihr Handeln vor sich und anderen zu rechtfertigen. Dieser Aspekt der chilenischen Mentalität wird dort zum Problem für Investoren, wo nationale Gesetzgebung und behördliche Praxis keinen ausreichenden Schutz bieten. Zum Beispiel in der pharmazeutischen Industrie: Ausländische Firmen fühlen sich von der chilenischen Regierung gegenüber nationalen Unternehmen diskriminiert. Sie brauchen 1 bis 3 Jahre für das Zeichnen eines Patents, während lokale Firmen lediglich 2 bis 3 Monate benötigen. Mangels Rechtsschutz während des Genehmigungsprozesses werden ausländische Arzneimittel oft schon vor ihrer offiziellen Registrierung in Chile kopiert.

Viele Chilenen wollen sich Wettbewerbsvorteile verschaffen, ohne sich dabei an die offiziellen internationalen Spielregeln halten zu müssen. „Doch mit dieser Strategie“, so formulierte es ein betroffener Unternehmer, „werden die Chilenen langfristig am kürzeren Hebel sitzen.“ Sicherlich ist die Situation z.B. in vielen Ländern Asiens schlimmer, aber Chile muß sich an höheren Standards messen lassen, wenn es den Status des Musterlandes in Lateinamerika bewahren will.

Abb. IV-6

Durchsetzbarkeit von Rechtsansprüchen - Kompromiß statt Konfrontation

Das Rechtssystem in Chile ist nach dem *Code Napoleón* (Napoleonisches Recht) aufgebaut und kommt westlichem Rechtsverständnis sehr nahe. Allerdings sind die Gerichte in Chile häufiger überlastet. Die gerichtliche Regelung von Streitfällen kann sehr zeit- und kostenintensiv sein und führt nicht in jedem Fall zu einem „gerechten“ Ergebnis. Trotzdem können nach Ansicht der Mehrheit der Befragungsteilnehmer sowie der befragten Rechtsexperten auch mittelständische Unternehmen mit einem guten Rechtsbeistand ihre Rechte auf dem Weg durch die Instanzen durchsetzen.[8]

[8] Nach einigen Aussagen dauert ein Urteil je nach Fall etwa ein bis drei Jahre.

Grundlegende Schutzrechte und Garantien

	Chile
Absicherung politischer Risiken	• Investitionsschutzabkommen u.a. mit Belgien, der Bundesrepublik Deutschland, Dänemark, Finnland, Frankreich, Griechenland, Italien, Norwegen, Österreich, Polen, Portugal, Rumänien, Schweden, Schweiz, Spanien, Tschechische Republik und dem Vereinigtem Königreich. • Teilnahme an den Verhandlungen zum multilateralen Investitionsabkommen nach OECD-Muster. • Rechtsverordnung DL 600 (seit 1974) des Auslandsinvestitionsgesetzes garantiert Gleichstellung von ausländischen mit chilenischen Investoren (vgl. Abb. IV-1).
Schutz von Patenten, Warenzeichen, Technologie etc.	• Chile hat die wichtigsten Konventionen der WIPO (*World Intellectual Property Organisation*), die *Paris Convention for the Protection of Industrial Property* (Pariser Konvention) und *Berne Convention for the Protection of Literary and Artistic Works* (Berner Konvention), unterzeichnet. Es ist außerdem Mitglied der *Inter-American Convention on Author's Rights*. • Patente werden in der Regel für die maximal vorgesehenen 15 Jahre erteilt. • Warenzeichen können für einen Zeitraum von 10 Jahren registriert werden und lassen sich unbegrenzt um jeweils weitere 10 Jahre verlängern. • Industriedesign und Muster können für einen Zeitraum von 10 Jahren registriert werden. Die Periode ist nicht verlängerbar. • Urheberrechte, z.B. an literarischen, künstlerischen und wissenschaftlichen Werken (*Copyright*) sind bis 50 Jahre nach dem Ableben des Autors geschützt.
Transfer von Gewinnen und Kapital / Devisenbestimmungen	• Nach dem chilenischen Devisengesetz unterliegt der Devisenhandel grundsätzlich keinen Beschränkungen. Freie Konvertierbarkeit der Währung ist gewährleistet. • Bestimmte grenzüberschreitende Transaktionen wie Importe, Exporte, ausländische Kredite, Kapitalströme und das Repatriieren von Gewinnen dürfen auf Anordnung der Zentralbank nur über den offiziellen Devisenmarkt abgewickelt werden (Statut über Ausländische Investitionen, DL 600; Kapitel XIV des Kompendiums von Normen des internationalen Devisenwechsels der Zentralbank). • Die Zentralbank kann Transaktionen auf dem offiziellen Devisenmarkt reglementieren (z.B. Umtauschzwang von Devisen in Landeswährung).

Abb. IV-7

Die europäischen Manager in Chile geben der Durchsetzung von Rechtsansprüchen mit einem Wert von 3 eine befriedigende Note. Nach Aussagen mehrerer Befragungsteilnehmer werden mündliche Absprachen von chilenischer Seite generell eingehalten. Dennoch empfehlen Experten eine möglichst exakte schriftliche Fixierung von Verträgen mit Kooperations- und Geschäftspartnern. Daher sollte bei den Verhandlungen mit der chilenischen Seite von Anfang an ein Rechtsbeistand des Vertrauens hinzugezogen werden. Chilenische Geschäftsleute verhandeln hart und meist bis ins kleinste Detail. Verträge sind viel länger und ausführlicher gestaltet als in Europa, da alle Eventualitäten schriftlich geregelt werden. Zähe Vertragsverhandlungen sollten aus Ungeduld nicht zu voreiligen Zugeständnissen verleiten. Wer zu viel nachgibt, muß sich nicht wundern, wenn er von den cleveren Chilenen ausgenutzt wird.

Statt voreiligen Zugeständnissen „erst mit seinem Anwalt besprechen".

Von einem Gang vor Gericht im Fall von Streitigkeiten raten die Befragten ab. Sie empfehlen eine einvernehmliche Einigung oder die Anrufung vertraglich bestimmter Vermittler bzw. nationaler und internationaler Schiedsgerichte. In den letzten Jahren werden Vertragsklauseln zunehmend akzeptiert, die bei Streitigkeiten die Anrufung nationaler und selbst internationaler Schiedsgerichte vorsehen. Chile hat mehrere Konventionen zur Anerkennung internationaler Schiedsgerichtssprüche unterzeichnet und ratifiziert (z.B. *New York Convention on the Recognition and Enforcement of Foreign Arbitral Awards, Inter-American Convention on International Commercial Arbitration*). Allerdings bemühen chilenische Unternehmen bisher selten solche Schiedsgerichte. Die Aufnahme einer entsprechenden Klausel in einen Vertag gilt daher noch als ungewöhnlich.

V. Produktion, Infrastruktur und Absatz - Latinoeuropa lockt

Sind die Vorbereitungen für ein Engagement in Chile abgeschlossen, steht der Investor vor der Frage, welche Leistungen (Produkte, Dienstleistungen) er vor Ort anbietet und für welche Zielmärkte welche Anforderungen an Qualität, Preis und Design erfüllt sein müssen.

1. Standort Chile - Kosten wie in Europa?

Kosten sind ein Hauptmotiv einiger Unternehmen, von einem Aufbau von Kapazitäten in Chile abzusehen oder sogar bestehende Produktionsstätten in andere Länder zu verlegen. Allerdings erreichen manche Unternehmen günstigere Arbeits- und Produktionskosten als z.B. in Brasilien oder Argentinien, da branchen- und unternehmensspezifische Unterschiede die Kalkulation positiv beeinflussen können.

Gesamtkosten eines chilenischen Standortes um 14% niedriger

Im Rahmen der Studie wurde den Befragungsteilnehmern in Chile die Frage gestellt, wie hoch die tatsächlichen Vollkosten ihrer lokalen Unternehmen im Vergleich zu einem westeuropäischen Standort sind. Dabei sollten sämtliche Aufwendungen, einschließlich Produktivitätsunterschieden, höheren Kommunikationskosten mit dem Stammhaus oder einer größeren Zahl von Fehlstücken berücksichtigt werden. Natürlich sind europäische Standorte nicht homogen. So liegen z.B. viele deutsche, österreichische oder schweizerische Standorte im statistischen Durchschnitt kostenmäßig etwa 5% bis 10% über anderen westeuropäischen Standorten.

Die befragten Unternehmen setzen die Vollkosten ihrer Unternehmen vor Ort mit einem Mittelwert von 86% im Vergleich zu einem europäischen Standort etwas niedriger an. Jedoch sind die Varianzen um den jeweiligen Mittelwert erheblich. Während z.B. einige Handelsunternehmen zu 60% der europäischen Kosten produzieren, geben Betriebe der Chemischen Industrie ein Kostenniveau an, das dem eines europäischen Standortes entspricht.

Branchenspezifischer Gesamtkostenvergleich zwischen chilenischem und westeuropäischem Standort

(Europäischer Standort = 100%)	**Chile**
• Chemische und Pharmazeutische Industrie	100%
• Bergbau	82%
• Elektrotechnik- und Elektronikindustrie	85%
• Konsumgüter- und Nahrungsmittelindustrie	84%
• Handel und Dienstleistungen	60%
Unternehmen mit europäischer Beteiligung gesamt:	**86%**

Abb. V-1

Vergleich der Branchen und Kostenarten

Der branchenspezifische Vergleich der Kostenstrukturen verdeutlicht die hohe Schwankungsbreite. In manchen Bereichen, z.B. in der Pharmazeutischen Industrie, lohnt sich eine Produktion vor Ort aufgrund der kleinen Stückzahlen und hohen Kosten in der Regel nicht. Dagegen glänzen der Handel und manche Dienstleistungen mit einem sehr günstigen Kostenniveau. *Economies of Scale* spielen hier eine geringere Rolle, und es lassen sich gut ausgebildete Chilenen und die chilenische Händlermentalität in diesem Sektor hervorragend einsetzen.

Kostenanalyse eines chilenischen Standortes

Kostenart	Im Vergleich zu westeuropäischem Standort	Begründung
VOLLKOSTENVERGLEICH	**86%**	Vollkosten einschließlich Fehlstücken, Produktivitätsunterschieden, Importzöllen etc.
Lohn- und Lohnnebenkosten	**60%**	Keine „billigen" Arbeitskräfte, Mangel an mittleren Qualifikationen (Facharbeiter), Führungskräfte erzielen bei hoher Qualifikation überdurchschnittlich hohe Löhne, nicht so hohe Lohnnebenkosten
Produktivität	**70%-100%**	Hohe Produktivität im Dienstleistungsbereich und Handel, Probleme durch niedrigen Automationsgrad, unzureichende Mitarbeiterqualifikation etc.
Kosten für Investitionsgüter	**80%-90%**	Viele Maschinen müssen aus den USA oder Europa bezogen werden, Technologie noch etwas niedriger als in Europa
Kosten für Rohstoffe und Zulieferteile	**80%-100%**	Sehr geringe Transportkosten und Zollbelastung für importierte Rohstoffe und Zulieferteile aus Europa, sehr günstige Preise für chilenische Rohstoffe wie Holz, Kupfer, Fisch und Obst
Allgemeine Betriebskosten	**80%-110%**	Kosten für Strom, Wasser, Infrastruktur etc. abhängig vom Standort
Ausgaben für Forschung und Entwicklung	**Niedrig**	Muttergesellschaft übernimmt F&E Ausgaben
Sonstige Kosten	**100%**	Zusätzliche Aufwendungen sind z.B. Kosten für die Kommunikation mit dem europäischen Stammhaus

Abb. V-2

Im Vergleich zu einem europäischen Standort bestehen Kostenvorteile vor allem durch niedrigere Lohn- und Lohnnebenkosten (vgl. Kap. VII.1.B) bei gleichzeitig hoher Produktivität sowie durch geringere Investitionsaufwendungen bei importierten Maschinen, Rohstoffen und Zulieferteilen. Ansonsten liegen viele Kosten ungefähr auf dem westeuropäischen Niveau. Sie sind damit zwar durchschnittlich höher als in anderen Ländern der Region. In manchen Bereichen gelten sie aber als konkurrenzfähig mit Ländern wie Brasilien oder Mexiko, insbesondere in der spezialisierten Hochtechnologie. Das Ergebnis der Kostenanalyse zeigt, daß Chile nicht generell als teures Produktionsland bezeichnet werden kann.

2. Wahl des Investitionsstandortes - Klare Sache?

Die Standortwahl bereitet ausländischen Unternehmen in Chile keine Schwierigkeiten. Fast 90% der in der vorliegenden Arbeit erfaßten Unternehmen haben in Santiago de Chile ihren Sitz. Insbesondere der Handel, Dienstleistungen und der Finanzsektor konzentrieren sich vorwiegend auf die Hauptstadt. Sie bietet einerseits den größten Absatzmarkt, andererseits liegt sie zentral innerhalb Chiles und hat die beste Verkehrsanbindung. Die Industrien der Rohstoffverarbeitung siedeln sich in der Nähe der entsprechenden Vorkommen an. Im Bergbau konzentrieren sich die Aktivitäten im Norden, wo sich die größten Minen des Landes befinden. Dort ist die Stadt Antofagasta Hauptexporthafen für Kupfer und andere geförderte Rohstoffe. Die holzverarbeitende Industrie hat sich aufgrund der üppigen Waldreserven in den südlichen Regionen niedergelassen. Die wichtigste Stadt des Südens mit Hafenanbindung, Concepción, ist zum zweitgrößten wirtschaftlichen Ballungsraum Chiles herangewachsen. Trotz eines Standortes im Norden oder Süden unterhalten viele dieser Firmen zusätzlich ein Büro in Santiago de Chile.

Santiago de Chile - Hauptstadt zwischen den Anden und der „*Precordillera*“ [1]

Die Metropole Santiago bildet mit einem Drittel der Gesamtbevölkerung den Attraktionspunkt Chiles. Es wird damit gerechnet, daß mittelfristig sogar die Hälfte der Bevölkerung dort und im weiteren Umfeld (V. Region)[2] leben wird. Dadurch wächst die Stadt inzwischen langsam aus ihrer noch „überschaubaren“ Form hinaus. Neue Unternehmen müssen ihre Produktion außerhalb der Stadt ansiedeln. Büroflächen im Zentrum stehen allerdings ausreichend zur Verfügung. Mancher Europäer hofft, daß mit der Stadt auch das ihrer Meinung nach zu geringe kulturelle Angebot wächst. Der Smog in der Stadt, insbesondere im Winter, erreicht fast schon die berüchtigten Dimensionen von Megastädten wie Mexiko Stadt oder São Paulo (Brasilien). Schuld sind sich gegenseitig verstärkende Faktoren: eine geographische Inversionslage, Staub aus den Trockenflächen um die Stadt, der zunehmende Verkehr und die Industrien.

Trotz allem gilt die Stadt als sehr effizient. Die Staus halten sich relativ gesehen in Grenzen, und das öffentliche Verkehrssystem kann noch einen Großteil des Verkehrsaufkommens bewältigen. In den Stoßzeiten können die Leute zwar häufig erst in die folgende Metro einsteigen. Dies liegt jedoch zum Teil daran, daß Chilenen nicht aufrücken und „japanische Einschieber“ fehlen. Auch die Naherholungsgebiete sind in kurzer Zeit erreichbar. Die Effizienz gilt insbesondere auch für die Sicherheit, die für eine lateinamerikanische Großstadt sehr hoch

---

[1] Eine öde Hügellandschaft. Es sind noch ca. 100 km bis zum Meer.

[2] Die V. Region umfaßt die Küstenstädte Valparaíso und Viña del Mar. Chile ist administrativ in 13 Regionen unterteilt (12 Regionen plus *Región Metropolitana* mit der Hauptstadt Santiago de Chile).

ist. Sogar die Taxifahrer versuchen so gut wie nie, unbedarfte Touristen mit ein paar Ehrenrunden um den Block übers Ohr zu hauen.

In ihrer Struktur erinnert die Stadt ein wenig an die chilenische Gesellschaft: stark segmentiert mit den „reichen Vierteln" dem pittoresken Panorama der Anden zugewandt, während die Arbeiterviertel zur *Precordillera* hin abfallen. Der Baustil im Geschäftszentrum entspricht in etwa dem einer US-amerikanischen Metropole. Auch das Preisniveau und das kulinarische Angebot halten inzwischen diesem Vergleich „stand".

Übernahme eines Betriebes oder neuer Standort?

Die überwiegende Mehrheit der Befragungsteilnehmer optierte für einen neuen Unternehmensstandort. Bei 15% war der Standort bereits festgelegt: entweder übernahmen sie Gebäude eines existierenden bzw. aufgekauften Unternehmens oder nutzten Anlagen eines lokalen Partners. Die Wahl der Markteintrittsstrategie entscheidet somit auch über den Unternehmensstandort. Es empfiehlt sich daher, bei der Auswahl eines Partners oder beim Kauf eines chilenischen Unternehmens Überlegungen über den zukünftigen Firmensitz einzubeziehen.

Die Vorteile einer Übernahme liegen in großen Zeit- und Kostenersparnissen, denn die Suche nach einem geeigneten Standort und der Aufbau eigener Produktionsstätten entfällt. Mit dem Standort eines lokalen Unternehmens übernehmen Investoren häufig einen Teil der Belegschaft, ein Netz aus Zulieferern und Abnehmern, bestehende Organisationsstrukturen und das Firmenimage.

Die Übernahme solcher Ressourcen hat auch Nachteile: Die Produktionsanlagen sind in vielen Fällen zur Herstellung von technisch anspruchsvollen und qualitativ hochwertigen Gütern nicht geeignet. Problematisch kann auch die Übernahme von Arbeitskräften sein. Einerseits verfügen diese über wertvolle Erfahrung, andererseits läßt sich ein Betrieb mit einer neuen, jungen Belegschaft leichter auf die notwendigen organisatorischen Veränderungen „einschwören", die eine Umstellung auf eine höhere Qualität und Produktivität erfordert. Andernfalls scheitern manche Neuerungen bereits an dem Problem, bestehende Organisationsstrukturen aufzubrechen. Einige Befragungsteilnehmer verfügen über negative Erfahrungen bei der Übernahme eines Betriebes. Ein europäischer Unternehmer berichtete, daß die übernommene chilenische Firma sich im Vorfeld der Verhandlungen durch gefälschte Bilanzen in gutes Licht stellte. Kurz nach der Akquisition machte sich das gesamte chilenische Management mit den Betriebsgeheimnissen auf zur Konkurrenz.

3. Standort Chile - Stolpersteine in der Geschäftstätigkeit

In Rahmen der Studie wurden die Unternehmen nach Problemen in ihrer Produktion und Geschäftstätigkeit vor Ort befragt. Dabei wird zwischen Schwierigkeiten in der Produktion, bei der Infrastrukturversorgung und der unternehmensinternen Zusammenarbeit unterschieden (vgl. Abb. V.3.). Der Umgang mit staatlichen Stellen bereitet in Chile generell keine Probleme (vgl. Kap. IV.2.).

Schwierigkeiten der Unternehmen bei Produktion und Geschäftstätigkeit

(1 = große, 5 = keine Schwierigkeiten)	**Chile**
a) Produktion / Technologie:	
Versorgung mit (Roh-) Material	3,7 ☺
Produktqualität	3,3 😐
Bedienung / Instandhaltung der Anlagen	4,2 ☺
Verfügbarkeit und Ausbildung des Personals[3]	3,6 ☺
Produktivität	3,6 ☺
b) Infrastruktur:	
Elektrizitäts- / Wasserversorgung	3,7 ☺
Transport	3,8 ☺
Telekommunikation	4,9 ☺
Qualität von Dienstleistungseinrichtungen	3,2 😐
c) Unternehmensinterne Zusammenarbeit:	
Unterschiedliche Ziele	2,9 😐
Organisatorische Schwierigkeiten	3,4 😐
Kulturelle Unterschiede	3,1 😐

Abb. V-3

A) Produktion und Technologie

Die befragten europäischen Unternehmen in Chile sind mit verhältnismäßig geringen Problemen in der Produktion konfrontiert. Das Land hat in der industriellen Entwicklung in den letzten Jahrzehnten große Fortschritte erzielt, so daß die Zahl der Arbeitnehmer wächst, die bereits mit der Fertigung von technisch anspruchsvollen Produkten und Komponenten vertraut sind. Die Bedienung und Instandhaltung der Maschinen zählt nicht nur deswegen zu den kleinsten Stolpersteinen im Chilegeschäft. Auch Ersatzteile aus Europa oder den USA können aufgrund des unkomplizierten Einfuhrverfahrens in kürzester Zeit geliefert werden.

Die Qualität von Rohstoffen und Teilen, die von externen Zulieferern stammen, gilt als sehr gut. Die Einfuhr von Rohstoffen und Komponenten unterliegt generell nur wenigen Restriktionen (vgl. Kap. VI.2.A), Mehrwertsteuer (*IVA*) und Zölle). Außerdem bestehen keine Auflagen für den Anteil an der Produktion, der lokal hergestellt werden muß (*Local Content*). Auch aus diesem Grund lassen sich Probleme mit der Versorgung von Rohstoffen vermeiden.

[3] Nähere Ausführung zu Personal und Ausbildung in Kapitel VII.1.

Die Produktivität ihres Unternehmens beurteilen die europäischen Befragten als gut. Zum einen konnten die meisten die Produktivität durch eigene Weiterbildungsmaßnahmen und durch die Steigerung der Effizienz in der Arbeitsorganisation kontinuierlich erhöhen. Zum anderen ist der Mechanisierungsgrad mit 80% im Vergleich zum europäischen Mutterhaus relativ hoch. Allerdings wird in Chile wenig Forschung und Entwicklung betrieben. Lediglich 3% der Investitionen der befragten Unternehmen werden in diesem Bereich getätigt. Die generelle Innovationsschwäche der chilenischen Wirtschaft schreckt viele Unternehmen ab, Entwicklungsabteilungen in Chile aufzubauen. Manche Emigranten loben jedoch die Freiheit, mit der sie selber in Chile forschen können. Immerhin betreiben 40% der befragten Unternehmen zumindest in kleinem Rahmen eigene Entwicklungsarbeit, um ihre Produkte an die Gegebenheiten des lokalen Marktes anzupassen.

B) Infrastruktur - Investitionsstau führt noch zu Engpässen

Bei der Wahl des Standortes Chile spielen neben der Nähe zu Absatzmärkten auch Infrastrukturstandards eine wichtige Rolle. Infrastrukturelle Mängel sind für Unternehmen, die sich hauptsächlich für den Binnenmarkt interessieren, zwar kein Hinderungsgrund für ein Engagement, aber sie beeinflussen Form und Kapazitätsausstattung eines Unternehmens vor Ort. Eine mangelhafte Versorgung mit Transportkapazitäten, Wasser, Strom oder Telekommunikationseinrichtungen kann zu Ausfällen führen und erfordert daher eigene Zusatzinvestitionen, z.B. die Anschaffung von Funktelefonen oder die Installation von Stromgeneratoren.

Während Chile im Vergleich der Infrastrukturstandards mit anderen lateinamerikanischen oder asiatischen Schwellenländern recht gut dasteht, zeigen sich im Vergleich zu westlichen Industrienationen noch einige Mängel bei der Versorgung in wichtigen Bereichen. Die notwendigen Investitionen in die Infrastruktur sind allerdings zu hoch, um von der chilenischen Regierung selbst realisiert zu werden. Daher soll mit bereits durchgeführten oder noch geplanten Privatisierungsmaßnahmen die Unterstützung ausländischer Investoren gewonnen werden.

Aufgrund der geographischen Ausdehnung Chiles ist es schwierig, allgemeine Aussagen über die infrastrukturellen Standards zu treffen. Daher bezieht sich der folgende Infrastrukturvergleich im wesentlichen auf die wirtschaftlichen Zentren Chiles (Santiago, Concepción, Valparaíso/Viña del Mar, Antofagasta).

Strom / Wasser

Während die kontinuierliche Stromversorgung in nahezu allen Teilen Chiles normalerweise kein besonderes Problem darstellt, haben zwei aufeinanderfolgende Dürren in 1997 und 1998 zu Engpässen der Wasserkraftwerke geführt. Gleichzeitig verzögerte sich die Inbetriebnahme eines neuen Großkraftwerkes. So befanden sich die Chilenen in Santiago plötzlich in der seit langem unbekannten Situation, mit Stromausfällen und Stromschwankungen fertig werden zu müssen. Im Gegensatz zu vielen anderen Schwellenländern waren viele elektrische Haushaltsgeräte in Chile nicht mehr auf Stromschwankungen eingestellt und wurden beschädigt. In den Zeitungen wurde diskutiert, ob die Regierung oder Stromunternehmen für die Schäden haftbar gemacht werden können. Diese Entwicklung zeigt zum einen, wie selten solche Probleme inzwischen in Chile auftreten, aber auch, daß sie nicht gänzlich der Vergangenheit angehören. In Zukunft will das Land jedoch mit Kraftwerken mit kombiniertem Kreislauf (Gas-Wasser) die Abhängigkeit von temporären Wasserengpässen verringern.

Fast alle Städte Chiles haben Probleme mit der Wasserversorgung. Chile verfügt nur über wenige Wasseradern, die in der Trockenzeit den steigenden Bedarf nicht mehr decken. Insbesondere der Norden und das Hochland Chiles haben mit steigendem Verbrauch, sinkendem Wasserspiegel und zunehmender Wasserverschmutzung zu kämpfen. Die Wasserknappheit ist an einigen Orten besonders gravierend. Sie verhindert inzwischen dort die Ansiedlung wasserintensiver Industrien wie die Papierherstellung. Nach offiziellen Angaben sind in der Wasserwirtschaft zwischen 1998 bis 2002 Investitionen von insgesamt 2 Mrd. US$ geplant. Einen großen Teil davon sollen private Investoren übernehmen. Trotzdem gilt die Trinkwasserqualität für lateinamerikanische Verhältnisse als sehr gut. Sogar einschlägige Reiseführer raten Ausländern nicht davon ab, das Leitungswasser zu trinken.

Telekommunikation

Nach der Privatisierung des Sektors Telekommunikation gilt Chile als eines der Länder mit den besten Netzen und niedrigsten Preisen weltweit. Insbesondere spanische Unternehmen (z.B. Telefónica) haben sich in diesem Bereich engagiert. Mit der Wertung 4,9 sieht kein Unternehmen hier noch Engpässe.

Im Mobilfunkmarkt sind noch Preiskriege zu erwarten, nachdem die ersten digitalen *Personal Communication Systems* (PCS) 1998 eingeführt wurden. Außerdem wird die Popularität der Mobiltelefone zunehmen, wenn die Systeme auf das Prinzip „Gebühr-bezahlt-Anrufer" umgestellt werden. Der Preiskampf unter den beteiligten internationalen und nationalen Anbietern ist sehr hart.

Dienstleistungseinrichtungen

Die Qualität der Dienstleistungseinrichtungen erhält im Vergleich der Infrastrukturstandards eine nur befriedigende Bewertung. Die Befragungsteilnehmer stufen die Dienstleister in Santiago mit durchschnittlichen 3,2 auf relativ schlechtem Niveau ein. Diese zurückhaltende Bewertung liegt zum einen an der mangelnden Bildung gerade bei Personal im mittleren Bereich. Zum anderen scheint die Dienstleistungsmentalität noch nicht ganz ausgereift zu sein. Die befragten Unternehmen beklagen, daß häufig „technische Probleme" als Ausrede für unzureichende Kundenorientierung herhalten müssen. Auch wenn der Kunde eigentlich König sein sollte, führt manchmal nur freundliche Beharrlichkeit zum Ziel (siehe dazu Kap. VII.2).

C) Unternehmensinterne Zusammenarbeit

Insgesamt treten die größten Schwierigkeiten im täglichen Geschäft bei der unternehmensinternen Zusammenarbeit auf. Die wenigen Befragungsteilnehmer, die einen chilenischen Partner in ihr Unternehmen vor Ort hineingenommen haben, hatten oft erhebliche Probleme mit unterschiedlichen Zielvorstellungen. So wird dieser Faktor mit 2,9 bewertet. Auch organisatorische Schwierigkeiten (3,4) und kulturelle Unterschiede (3,1) spielen eine nicht unerhebliche Rolle.

Eine Analyse der Aufgabenverteilung zwischen der chilenischen und der europäischen Seite im Unternehmen zeigt, daß in fast allen Geschäftsbereichen die chilenischen Mitarbeiter heute mehr Verantwortung tragen als zum Gründungszeitpunkt des Unternehmens. Besonders im Marketingbereich haben Europäer verstärkt Kompetenzen an ihre chilenischen Kollegen abgegeben. Nach Ansicht der Befragten besitzen Chilenen profundere Kenntnisse über den lokalen Markt und ein besseres Gespür dafür, welche Verkaufs- und Werbestrategien bei ihren Landsleuten zum Erfolg führen. Auch im Finanzbereich und in der Administration werden die

Aufgaben nach der Anlaufphase vertrauensvoll den Chilenen übergeben. Allerdings überlassen europäische Unternehmen die Kontrolle über Technologie und Qualität nur ungern chilenischen Händen. Auf diese Weise kann das europäische Unternehmen die Gefahr eines Verlustes der von ihm eingebrachten Technologien und Fertigungsmethoden begrenzen.

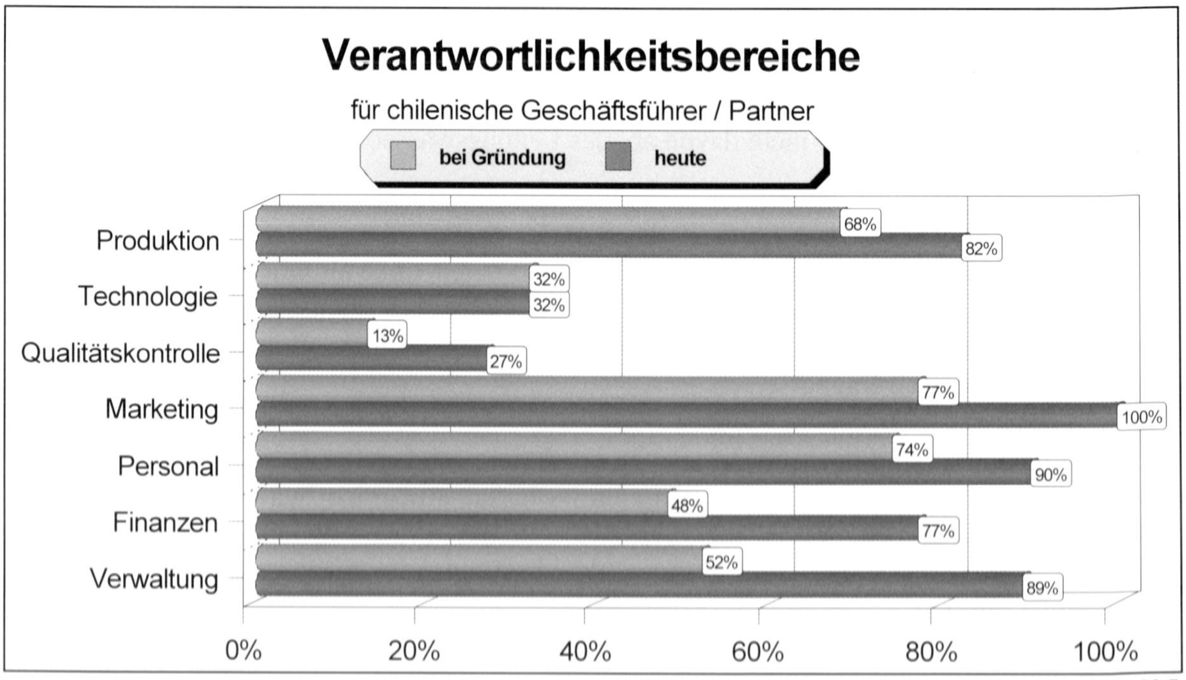

Abb. V-5

4. Distribution und Absatz - Welchen Zielmarkt im Visier?

Distribution und Transport - Ausrichtung auf den Außenhandel

Angesichts der großen Entfernung zu Europa und der geographischen Ausdehnung Chiles haben die Transportwege für den Im- und Export sowie die Verkehrswege innerhalb des Landes einen erheblichen Einfluß auf die Entscheidungen über Größe und Standort eines Engagements. Für Betriebe mit einem hohen Anteil an importierten Zulieferteilen für die Produktion sowie für exportorientierte Unternehmen spielt die Nähe zu internationalen Schiff- und Luftfahrtrouten oder der Landweg nach Argentinien bzw. Brasilien eine größere Rolle als für Unternehmen, die ohne größere Importe für den lokalen Markt produzieren und vorwiegend inländische Transportwege für ihre Distribution nutzen. Eine Anbindung an internationale Flughäfen ist für alle Unternehmen wichtig, um z.B. bei Produktions- oder Wartungsschwierigkeiten in kurzer Zeit einen europäischen Spezialisten vor Ort zu haben.

Insbesondere Unternehmen des Maschinen- und Anlagenbaus sowie der Konsumgüterindustrie müssen zusätzlich zum Vertrieb ihrer Produkte einen zuverlässigen Vor-Ort-Service anbieten. Neben dem Preis gewinnt ein schneller Service bei den chilenischen Kunden zunehmend an Bedeutung. Sie akzeptieren inzwischen auch deutlich höhere Preise (bis zu 25%), wenn bei einem Maschinenstillstand innerhalb kürzester Zeit ein Techniker vor Ort ist oder wenn Ersatzteile garantiert auf Lager sind.

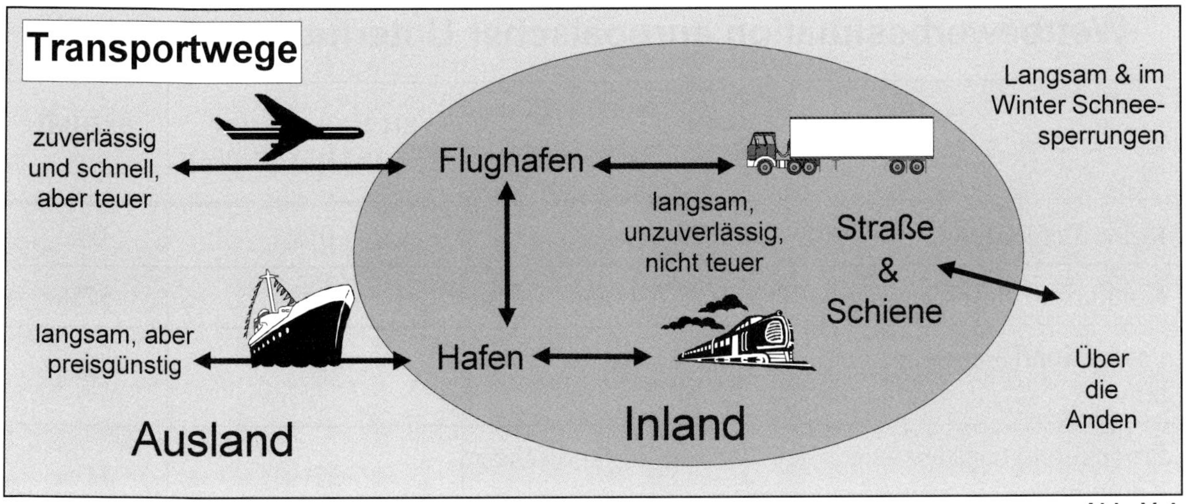

Abb. V-4

Ist das Absatzvolumen des europäischen Anbieters zu gering für einen eigenen technischen Service, nutzen viele Unternehmen chilenische oder gelegentlich auch international operierende Handelsvertreter zur Distribution ihrer Produkte auf dem chilenischen Markt. Allerdings empfehlen die Befragungsteilnehmer, bei der Suche nach einem geeigneten Handelsvertreter weder Zeit noch Kosten zu sparen, um Enttäuschungen zu vermeiden. Neben dem Vertrieb beschäftigen die Handelsvertreter manchmal eigene Techniker, die nach einer Schulung mit der Wartung der verkauften Produktpalette vertraut sind. Allerdings erfordert auch diese Lösung eine teure Lagerhaltung von Ersatzteilen, um lange Lieferzeiten aus Europa zu vermeiden. Deshalb gehen zahlreiche Unternehmen dazu über, die Komplexität der ins Ausland verkauften Produkte zu reduzieren und vorwiegend wenig störanfällige, technisch einfache Maschinen und Komponenten in Chile anzubieten. Zugeständnisse an Funktionalität und Qualität sollten aber nicht gemacht werden. Gelingt eine Kombination von hoher Funktionalität und niedriger technischer Komplexität, können die Mitarbeiter des Käufers in Chile geschult werden, um die Wartung der Maschinen oder Anlagen selbst zu übernehmen. Eine geringe Störanfälligkeit verhindert zudem, daß Techniker des europäischen Herstellers häufiger Reparaturarbeiten vor Ort durchführen müssen. Außerdem bevorzugen die konservativen chilenische Kunden ein schnörkelloses Design und Benutzerfreundlichkeit.

Ein Verkauf über Messen, wie er in Europa üblich ist, läuft eher schleppend. Zur Zeit befindet sich die Messekultur in Chile im Aufbau. Wenn Chilenen Messen nutzen, dann eher zum direkten Verkauf als zur Kontaktanbahnung. Statt dessen beschränken sie sich vorwiegend auf Mundpropaganda und Besuche, um den persönlichen Kontakt herzustellen. Dieser ist angesichts der geschlossenen Gesellschaft in Chile unverzichtbar.

34% Marktanteil trotz harter Wettbewerbssituation

In Chile hat sich als Folge der Öffnungspolitik seit den 70er Jahren der Wettbewerb zunehmend verschärft. Kein Unternehmen war je konkurrenzlos. 71% der befragten Unternehmen sind in ihrem Marktsegment mit ausländischen Konkurrenten konfrontiert, die vor Ort tätig sind. Über die Hälfte der Befragungsteilnehmer sieht sich teilweise starker Konkurrenz durch Importe ausgesetzt. Mit lokalen Anbietern stehen 70% der Unternehmen in direktem Wettbewerb. Dies liegt daran, daß die lokalen Anbieter, welche die Öffnungspolitik überlebt haben, auf Weltniveau konkurrenzfähig sind. In einigen Bereichen, z.B. in der Pharmabranche (Apothekenketten), ist es zu oligopolartigen Strukturen gekommen, die den Markteintritt neuer ausländischer Anbieter erschweren.

Wettbewerbssituation europäischer Unternehmen in Chile

Wettbewerbssituation (in % der befragten Unternehmen)*	zu Beginn der Geschäftstätigkeit	aktuell
Keine Konkurrenz	0%	0%
Konkurrenz durch importierte Güter	23%	57%
Produktion/Dienstleistungen vor Ort mit lokalem Know-how	30%	70%
Produktion/Dienstleistungen vor Ort mit ausländischem Know-how	32%	71%

* Mehrfachnennungen sind möglich

Abb. V-6

Dennoch ist es mit einem durchschnittlichen Marktanteil von 34% vielen Unternehmen gelungen, wichtigster Anbieter eines bestimmten Produktes oder einer Produktgruppe in Chile zu werden. Dabei konnten vor allen Dingen die Unternehmen in der Chemischen und Pharmazeutischen Industrie hohe Marktanteile von über 50% für sich erobern. Dagegen hatten es einige Unternehmen der elektrotechnischen und Elektronikindustrie schwer, sich im harten Wettbewerb gegen die asiatische Importkonkurrenz zu behaupten. Ihr Marktanteil liegt mit durchschnittlich 6% unter den anderen Branchen.

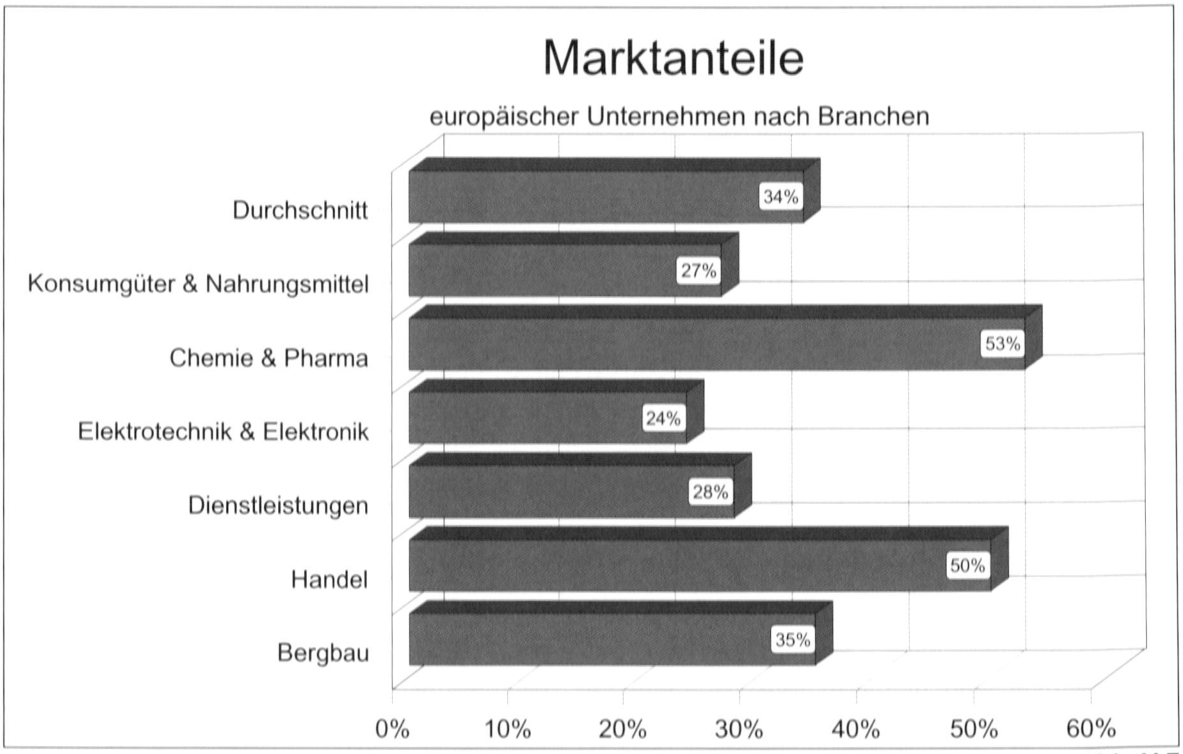

Abb. V-7

Exporte sind der Wachstumsmarkt

Wegen der Exportorientierung der chilenischen Unternehmen stieg auch die Exportquote ausländischer Unternehmen an der lokalen Produktion stark an. Sie liegt im Durchschnitt zur Zeit bei 22%. Die Qualität der lokalen Produktion reicht wegen der hohen internationalen Konkurrenz auf dem Binnenmarkt für eine Lieferung in Auslandsmärkte fast immer aus. Dabei stellen sich die Manager vor Ort entschieden gegen die Einschätzung ihres Stammhauses in Europa, die Exporte aus Chile stünden in Konkurrenz zu den eigenen Exportprodukten. Vielmehr sehen sie die Chance, die Produktpalette des Mutterhauses durch eine eigene Produktion vor Ort zu ergänzen. Ein großes Wachstumspotential liege außerdem in der Lieferung von Teilen und Komponenten an die lokale Industrie. Insbesondere chilenische Firmen sind zur Qualitätssteigerung ihrer Exportprodukte auf ausländische Technologie angewiesen. Dies sollte ein Anreiz für europäische Unternehmen sein, frühzeitig die strategischen Weichen für diesen Markt zu stellen.

Binnenmarkt nicht uninteressant, aber Exporte boomen.

Bisher konzentrieren sich europäische Unternehmen in Chile vorwiegend auf den Export nach MERCOSUR und andere amerikanische Länder (siehe Abb. V-8). Die guten Kontakte der Chilenen nach Asien und Ozeanien werden von den befragten Unternehmen noch sehr wenig genutzt. Auch wenn Nord- und Südamerika Schwerpunktexportmärkte bleiben, werden einige Unternehmen ihre Chancen für Asien erkennen und sich dort stärker engagieren.

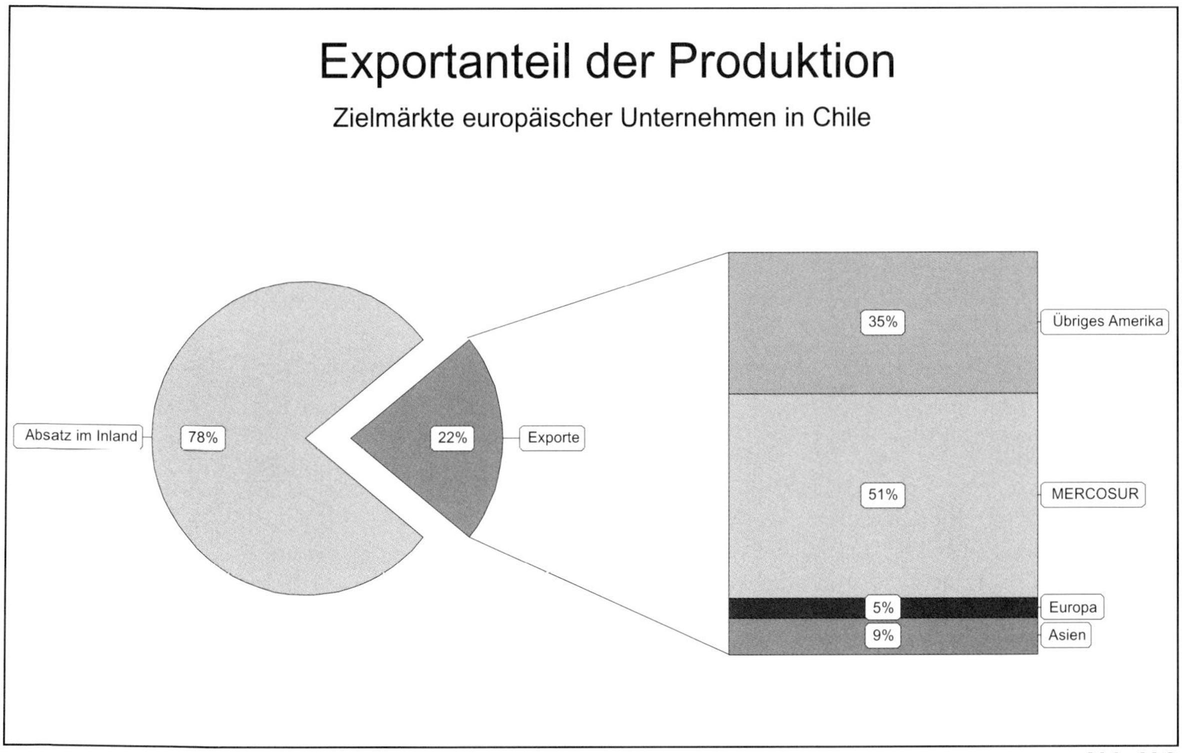

Abb. V-8

VI. Finanzierung, Besteuerung und Gewinne - Balanceakt zwischen Risiko und Rendite

1. Finanzierungsquellen europäischer Investitionen

Die Finanzierung eines Engagements in Chile stellt gerade für mittelständische Unternehmen häufig ein Problem dar. Da die finanziellen Mittel vieler Betriebe begrenzt sind, spielen standortspezifische Faktoren, wie die Möglichkeit einer Kreditaufnahme vor Ort oder die finanziellen Ressourcen eines lokalen Partners, eine wichtige Rolle bei der Investitionsentscheidung. Im Rahmen der Studie wurden die europäischen Unternehmen nach ihren Finanzierungsquellen befragt.

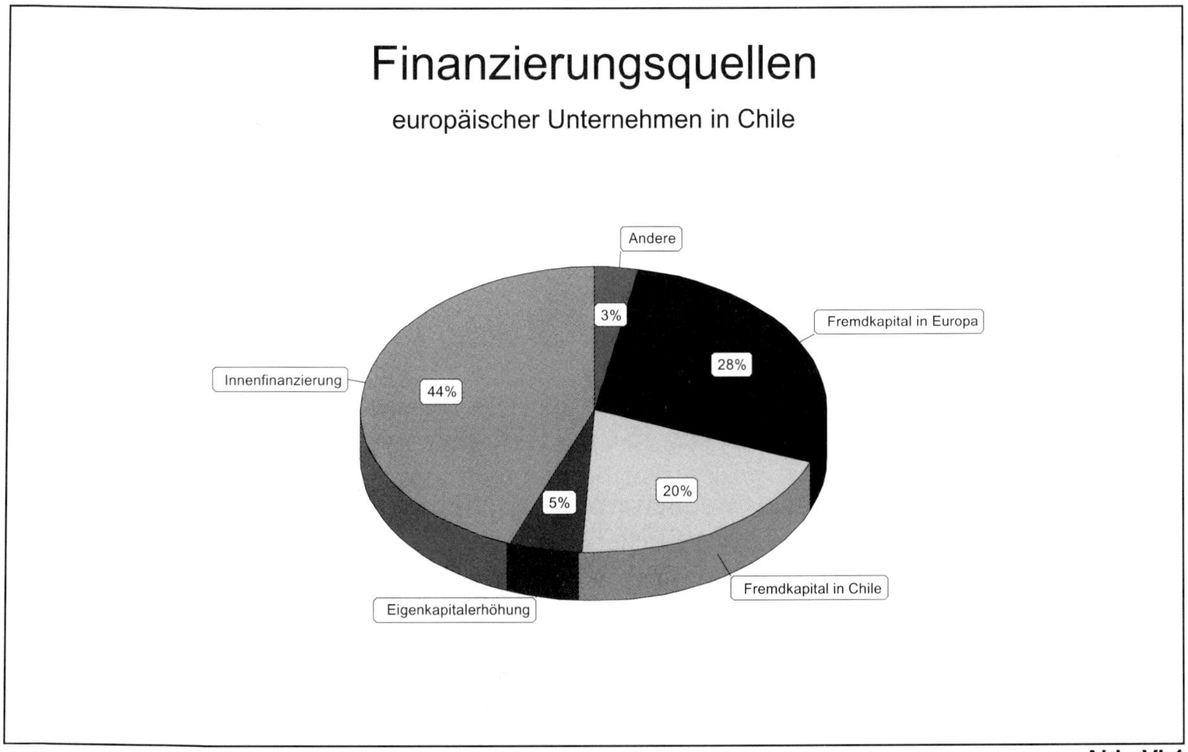

Abb. VI-1

Wichtigstes Element bei der Kapitalbeschaffung ist die Nutzung bzw. Erhöhung des Eigenkapitals mit einem Anteil von insgesamt 49%. Im Vergleich mit anderen untersuchten Ländern in Asien und Lateinamerika ist die Eigenkapitalquote jedoch niedriger.[1] Etwa ein Fünftel der Befragungsteilnehmer nehmen Darlehn in Chile auf. Hauptgrund für diesen relativ hohen Anteil an der Gesamtfinanzierung ist der in Chile gut entwickelte Finanzmarkt. Die befragten Unternehmen schätzen die Möglichkeit der lokalen Kapitalaufnahme mit einem Wert von 2,4 außerordentlich gut ein. Das chilenische

> Das chilenische Finanzsystem funktioniert.

[1] Vgl. Siemsen, H., Geissbauer, R.: **Direktinvestitionen in China, Indien und Indonesien**, Juni 1996, S. 81 und Siemsen, H., Gerz, C.: **Focus Mexiko - Visionen und Tips für die intelligente Markterschließung**, Oktober 1998, S. 80: Der Eigenkapitalanteil der befragten Unternehmen beträgt in China 72%, in Indonesien 57% und in Mexiko 77%. Nur in Indien ist die Eigenkapitalquote der Unternehmen etwas niedriger als in Chile (46%). Nach einer noch unveröffentlichten Studie von Gerz und Siemsen finanzieren die Unternehmen in **Brasilien** ihre Investitionen zu knapp 61% aus eigenen Mitteln.

Finanzsystem funktioniert und der seit Anfang der 80er Jahre privatisierte Bankensektor vergibt Kredite ohne überzogene Garantien an lokale Unternehmen. Deren finanzielle Seriosität wird auch von den Befragungsteilnehmern allgemein bestätigt.

Ein weiterer wichtiger Grund für den Einsatz von fremden Mitteln aus lokalen Quellen ist die günstige Verzinsung des gesamten angelegten Kapitals der befragten europäischen Unternehmen. Bei einer durchschnittlichen Gesamtkapitalrendite in Höhe von 22% im Geschäftsjahr 1998 und Zinssätzen (inflationsbereinigt) in Chile zwischen 7,5% p.a. für langfristige und 9,6% p.a.[2] für kurzfristige Kredite konnten die Unternehmen mit einem höheren Verschuldungsgrad die Eigenkapitalrendite verbessern.

Etwa 28% decken trotz eines Währungsrisikos ihren Kreditbedarf im Ausland. Neben einer unmittelbaren Finanzspritze durch die Muttergesellschaft in Europa können insbesondere Großunternehmen und Konzerne problemlos auf internationale Finanzmärkte zurückgreifen und somit die Kapitalkosten niedrig halten.

Eine Refinanzierung über lokale Wertpapiermärkte wird von den befragten europäischen Unternehmen bislang nur in Einzelfällen praktiziert. Chile verfügt jedoch über eines der am weitesten entwickelten Börsensysteme in Lateinamerika, welches auch ausländische Unternehmen stärker nutzen könnten. Unter größeren chilenischen Unternehmen hat in den letzten Jahren die Ausgabe von Wertpapieren auf ausländischen Börsenmärkten (ADRs, *American Depository Receipts*) stark an Bedeutung gewonnen.

2. Besteuerung in Chile - Neutralität des Systems ist Prinzip

Chile verfügt über international wettbewerbsfähige Steuersätze. Allerdings verteilt der chilenische Staat generell keine Steuergeschenke an ausländische Investoren. Steuervorteile genießen vor allem Unternehmen, die in der Forstwirtschaft oder in den "Zonenrandgebieten", d.h. im äußersten Norden bzw. Süden des Landes, tätig sind (vgl. Kap. IV.1.B): Investitionen nach DL 600). Die befragten Unternehmen schätzen daher die Belastung mit Steuern und Abgaben in Chile mit einem Wert von 3,4 im Vergleich zu Europa eher indifferent ein.

„Ohne Steuernummer geht gar nichts."

Grundvoraussetzung für die Aufnahme einer geschäftlichen Tätigkeit in Chile ist für alle natürlichen und juristischen Personen die Eintragung in das Register der Steuerzahler und die damit verbundene Erteilung einer Steuernummer (*Rol Único Tributario, RUT*). Ihre Angabe wird bei rechtsgeschäftlichen Handlungen fast immer verlangt und die modern ausgestatteten Steuerbehörden[3] gelten als streng in dem Überwachen und Umsetzen der Vorschriften.

Im folgenden kann - wegen der Komplexität der Gesetzgebung - nur ein grober Überblick über das Steuersystem in Chile gegeben werden. Da im Steuerrecht viele Ausnahmen eine Regel bestätigen, empfiehlt es sich, im Einzelfall eine professionelle Steuerberatung vor Ort in Anspruch zu nehmen.

---

[2] Quelle: Zentralbank von Chile. Die Zinssätze in Chile unterliegen keinen extremen Schwankungen. Nur wegen drohender Überhitzung der Wirtschaft und den Auswirkungen der Asienkrise stiegen sie Ende 1998 temporär auf knapp 21%. Ende 1999 betrugen die Zinssätze für die Aufnahme von Krediten mit kurzen Laufzeiten real 5,% p.a und für langfristige Kredite real 6,5% p.a.

[3] Die nationale Steuerbehörde *Servicio de Impuestos Internos* bietet z.B. auf ihrer bürgerfreundlich gestalteten Homepage http://www.sii.cl die Abgabe der Einkommensteuer-Erklärung über das Internet an.

Unternehmenssteuersätze 1999 *

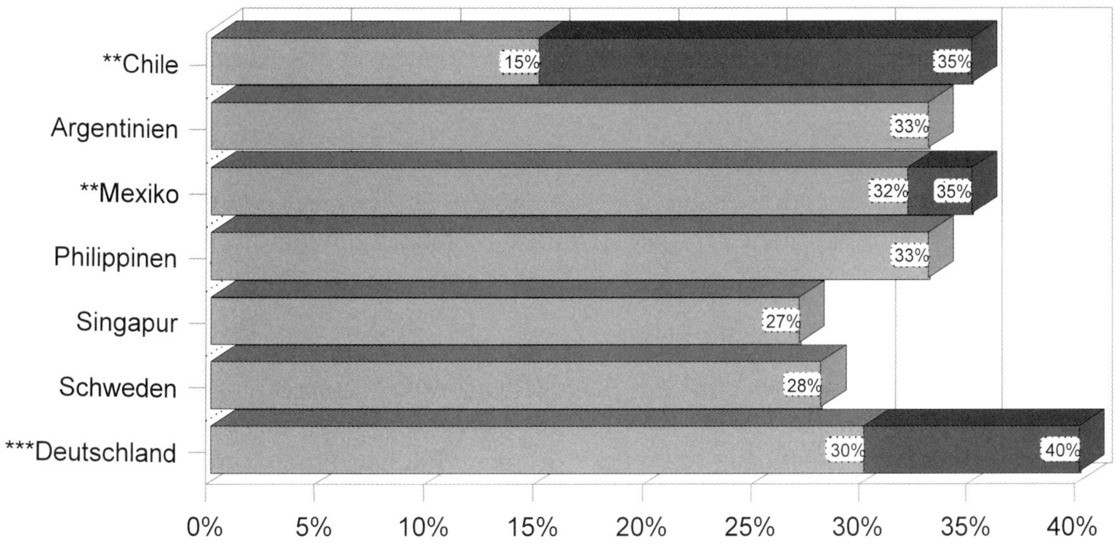

* Effektive Raten können (zum Teil deutlich) abweichen.

** Niedrigerer Steuersatz bei Thesaurierung (Reinvestition).

*** Niedrigerer Steuersatz bei Gewinnausschüttung.

Quelle: PricewaterhouseCoopers, The Economist

Abb. VI-2

A) Unternehmensbesteuerung

Die wichtigsten Steuern und Abgaben, die ein Unternehmen in Chile zu leisten hat, sind:

- Als direkte Steuer die Einkommen- bzw. Körperschaftssteuer (Steuer der 1. Kategorie, Zusatzsteuer).
- Als indirekte Steuern die Mehrwertsteuer (auf Spanisch *IVA*), Importsteuern sowie andere Verbrauchsteuern, z.B. eine Steuer auf Luxusgüter (Schmuck, Pelze etc.).
- Weitere Steuern und Abgaben auf Landes- und Gemeindeebene, z.B. Gewerbesteuer, Grundsteuer und (Stempel-) Gebühren.

Steuer auf gewerbliche Einkünfte (Steuer der 1. Kategorie)

Unternehmen, die ihren Sitz in Chile haben, unterliegen mit ihrem Welteinkommen der **Steuer der 1. Kategorie**. Als Unternehmen in diesem Sinne gelten Kapitalgesellschaften, Personengesellschaften, Einzelunternehmen und grundsätzlich alle natürlichen und juristischen Personen, soweit sie gewerblich bzw. unternehmerisch tätig sind. Das erzielte Einkommen wird nur bei Thesaurierung (Reinvestition) oder Gewinnausschüttung an andere lokale Unternehmen einmalig auf Unternehmensebene mit 15% versteuert. In allen anderen Fällen kommen gegebenenfalls die chilenische Ergänzungs- oder Zusatzsteuer zum Tragen. Für einige wenige Industriebereiche, z.B. in der Forstwirtschaft, und bei einer Auslandsinvestition nach dem DL 600 (vgl. Kap. IV.1.B) gelten abweichende Steuersätze.

Zusatzsteuer

Das Repatriieren von in Chile erwirtschaftetem Einkommen (z.B. Dividenden, Zinsen, Lizenzgebühren, Miete, Pacht etc.) wird mit einer Quellensteuer von generell 35%, der **Zusatzsteuer,** belegt. Es spielt keine Rolle, ob der Empfänger im Ausland eine natürliche oder juristische Person ist. Allein der Transfer in das Ausland zählt.

Bei Gewinnausschüttungen wird dem Gesellschafter oder Anteilseigner des Unternehmens die gezahlte Steuer der 1. Kategorie angerechnet, so daß die Zusatzsteuer netto 20% der Bruttodividende ausmacht. Effektiv wird der ausgeschüttete Vorsteuergewinn insgesamt mit 35% belastet (vgl. Abb.VI-3).

Handelt es sich bei dem Geldtransfer nicht um die Repatriierung von Erträgen, sondern um die Tilgung von Schuldzinsen für die Kreditfinanzierung einer durch die Zentralbank genehmigten Investition in Chile, beträgt der Steuersatz 4%. Die Qualifizierung von grenzüberschreitenden Zahlungen bereitet in der Praxis Probleme. Um Mißbrauch einzuschränken, wurde 1997 der maximale Anteil der Fremdfinanzierung einer ausländischen (DL 600) Investition auf 50% gesenkt.

Lizenzgebühren und Transferpreise

Zahlt eine lokales Unternehmen Lizenzgebühren z.B. für Beratungsleistungen, Nutzung von Patenten, Handelsnamen und Warenzeichen an einen Empfänger mit Sitz im Ausland, sind diese grundsätzlich nur beschränkt als Betriebsausgabe abzugsfähig. Die Obergrenze entspricht 4% des Einkommens aus dem operativen Geschäft des entsprechenden Wirtschaftsjahres. Für Transaktionen insbesondere zwischen verflochtenen Unternehmen gelten ebenfalls einige Sonderregelungen. Weiterhin kann die Steuerbehörde die Abzugsfähigkeit einschränken, wenn Transferpreise nicht marktgerecht festgesetzt werden.

Nicht abzugsfähige Ausgaben und Gesellschafterdarlehn

Unzulässig als steuerlich abzugsfähig erklärte Ausgaben einer Handelsgesellschaft werden steuerlich wie eine Gewinnentnahme bzw. Ausschüttung behandelt. Gesellschafter einer Personengesellschaft haben in Höhe ihrer Gewinnbeteiligungsquote den entsprechenden Anteil als persönliches Einkommen zu erklären. Die nicht abzugsfähigen Ausgaben der Kapitalgesellschaften werden gesondert mit 35% besteuert. Ähnliche Regelungen gelten für private Gesellschafterdarlehn.

Nicht abzugsfähige Ausgaben werden in jedem Fall versteuert. Es spielt keine Rolle, ob und in welcher Höhe das Unternehmen ein zu versteuerndes Einkommen ausweist.

Inflationsgewinne oder -verluste

Die Grundsätze der Buchführung und das Bilanzieren in Chile entsprechen im wesentlichen den U.S. Standards. Ein größerer Unterschied besteht jedoch: Zum Ermitteln des zu versteuernden Einkommens wird das Betriebsergebnis um bestimmte inflationäre Effekte bereinigt, wenn die Bücher in chilenischer Währung geführt werden.[4]

[4] In Chile kann die Buchführung und das Bilanzieren mit vorheriger Genehmigung durch die entsprechende Regionalbehörde auch in einer fremden Währung vorgenommen werden. Diese Alternative bevorzugen Unternehmen, die ausländisches Kapital besitzen oder hauptsächlich Transaktionen in Devisen durchführen. In diesem Fall werden keine monetären Korrekturen vorgenommen.

Angepaßt werden das Eigenkapital sowie alle Aktiva und Passiva, die zum Ende des Wirtschaftsjahres (in der Regel der 31.12.) vorhanden sind, mit Ausnahme der Geldkonten.[5] Maßgeblicher Faktor ist grundsätzlich die Veränderung des nationalen Index für Konsumentenpreise (*IPC*). Hingegen werden Vorräte durch die Wiederbeschaffungskosten und die Aktiva bzw. Passiva in Fremdwährung durch den Wechselkurs monetär berichtigt.

Die Korrekturen der Bestandskonten und des Eigenkapitals werden auf jeweils gesonderten Konten erfaßt, deren Salden einen Inflationsgewinn oder -verlust ausweisen. Dieser Saldo kann nur dann entstehen, wenn die Änderungsraten der Anpassungsfaktoren (*IPC*, Wiederbeschaffungskosten, Wechselkurs) voneinander abweichen. Wird z.B. Anlagevermögen mit Devisen finanziert, entsteht ein positiver Saldo (Gewinn), wenn die Konsumentenpreise (*IPC*) stärker steigen als der entsprechende Wechselkurs. Hohe Lagerbestände, die mit lokalen Krediten finanziert werden, können zu einem negativen Saldo (Verlust) bei den monetären Korrekturen führen, wenn deren Wiederbeschaffungskosten stärker steigen als der *IPC*. Inflationsgewinne oder -verluste sind in der Praxis aufgrund niedriger Inflationsraten und stabilitätsorientierter Geldpolitik der Zentralbank von untergeordneter Bedeutung. Zudem neutralisieren sich in den meisten Fällen ganz oder teilweise die gegensätzlichen Effekte.

Gewinnbeteiligung der Arbeitnehmer

Jedes Unternehmen muß - unabhängig von der Gesellschaftsform - pro Jahr einen bestimmten Prozentsatz seines Gewinns an die Belegschaft auszahlen. Der Arbeitgeber kann sich jedes Jahr frei zwischen zwei Alternativen zur Ermittlung des Auszahlungsbetrages entscheiden: entweder 30% des zu versteuernden Einkommens (mit einigen Anpassungen) oder 25% der jährlichen Lohnsumme, maximal 4,75 Mindestgehälter pro Arbeitnehmer (1999 ca. US$ 960 pro Jahr).

Mehrwertsteuer (*IVA*) und Zölle

Generell unterliegen der **Mehrwertsteuer** alle Lieferungen und sonstige Leistungen, die ein Unternehmer mit Sitz in Chile im Rahmen seines Unternehmens erbringt. Ebenfalls mehrwertsteuerpflichtig sind importierte Waren und Dienstleistungen, für die in der Regel zusätzlich Importzölle zu entrichten sind. Der Regelsteuersatz beträgt 18%. Von der Mehrwertsteuer befreit sind z.B. Exporte[6], bestimmte Versicherungsleistungen, Leistungen von Angehörigen freier Berufe und der Verkauf von gebrauchten Immobilien. Im Rahmen einer Auslandsinvestition nach DL 600 eingebrachte Kapitalgüter sind von der Zahlung der Mehrwertsteuer befreit.

Die Steuer für die Lieferungen und die Einfuhr von Gegenständen sowie für die sonstigen Leistungen, die der Unternehmer zur Ausführung steuerfreier Umsätze verwendet, kann grundsätzlich nicht mit der Mehrwertsteuerschuld verrechnet werden. Im Fall der Verwendung für Exporte oder der Anschaffung von Anlagevermögen ist der Vorsteuerabzug hingegen erlaubt. Besondere Steuervergütungen erhalten im Wohnungsbau tätige Unternehmen.

[5] Veränderungen während des Jahres, mit Ausnahme des Eigenkapitals, bleiben unberücksichtigt.
[6] Als Exporte werden z.B. auch bestimmte in Chile erbrachte Leistungen im Fremdentourismus angesehen.

Beispiel zur Ermittlung der Unternehmenssteuer

Vorgang	Steuer / Einkommen (in US$)	
Netto-Buchgewinn nach monetären Korrekturen, jedoch vor Steuern (Veranlagungszeitraum 1998)		100.000
Hinzurechnungen, z.B. - Zuschüsse (soweit sie 2% des steuerpflichtigen Einkommens oder 1,6% des Netto-Eigenkapitals des Unternehmens überschreiten) - Aufwendungen für die Fortbildung des Personals (soweit sie 1% der Gesamtlohnsumme überschreiten) - Lizenzgebühren an verbundene Unternehmen (Mutterfirma, soweit die Gebühren 4% des Einkommens aus dem operativen Geschäft überschreiten)		 5.000 3.000 7.000
Abzüge, z.B. - Erhöhte, steuerrechtlich zulässige Abschreibungen - Von anderen lokalen Unternehmen bezogene Dividenden		 10.000 30.000
Steuerpflichtiges Einkommen / Bemessungsgrundlage		75.000
- Steuer der 1. Kategorie (75.000 x 15%)	11.250	
Für Gewinnausschüttung stehen maximal zur Verfügung		63.750
- Tarifliche Zusatzsteuer bei maximaler Ausschüttung (75.000 x 35%) **- Anrechnung der Steuer der 1. Kategorie** **- Netto Zusatzsteuer**	 26.250 11.250 15.000	
- Steuer auf nicht abzugsfähige Ausgaben, z.B. US$ 5.000 (5.000 x 35%)	1.750	
- Steuerbelastung insgesamt (11.250 + 15.000 + 1.750)	28.000	
Effektiver Steuersatz bei Ausschüttung (in % des zu versteuernden Gewinns):	37,33%	

Abb. VI-3

Chile erhebt einen einheitlichen Zollsatz von 10% ad valorem. Zum 1. Januar 2000 werden die Zölle für alle Waren auf 9% gesenkt. Bis zum Jahr 2003 erfolgen weitere stufenweise Zollsatzsenkungen auf letztlich 6%. Zur Kompensation wird die Steuer für Tabak, Benzin und andere Genußmittel erhöht.

Unter bestimmten Voraussetzungen können Zollabgaben auf den Import von Kapitalgütern, die zur Leistungserstellung verwendet werden, für einen Zeitraum von bis zu sieben Jahren in vorgegebenen alternativen Ratenplänen gestundet werden. Die Zollabgaben werden anteilig reduziert, soweit die importierten Kapitalgüter für Exportprodukte genutzt werden.

B) Steuer auf das Einkommen natürlicher Personen

Für ausländische Vertragsangestellte (Expatriates) und lokale Mitarbeiter sind vor allem die tariflich identischen **Steuer der 2. Kategorie** (Lohnsteuer) und die **Allgemeine Ergänzungssteuer** (Einkommensteuer) relevant. Natürliche Personen, die ihren Wohnsitz oder dauernden Aufenthalt in Chile haben, sind grundsätzlich mit ihrem weltweiten Einkommen steuerpflichtig (unbeschränkte Steuerpflicht). Andernfalls wird nur das Einkommen besteuert, welches in Chile erzielt wird (beschränkte Steuerpflicht). Ein Durchbrechen dieses Prinzips gilt jedoch für Expatriates: Für die ersten drei Jahre ihrer Tätigkeit in Chile werden sie wie beschränkt Steuerpflichtige behandelt. Erst danach wird ihr Welteinkommen besteuert.

Bei unbeschränkter Steuerpflicht steigt der tarifliche Steuersatz progressiv von 5% auf maximal 45%. Ein verheirateter Werksleiter beispielsweise zahlt mit einem Jahreseinkommen von umgerechnet etwa 40.000 US$ effektiv lediglich 5% Steuern, bei doppeltem Gehalt würde er auch nur ca. 13% seines Bruttogehaltes an den Fiskus abgeben. Die Steuer der 2. Kategorie behält der Arbeitgeber vom Monatslohn (ohne Sozialversicherungsbeiträge) des Arbeitnehmers ein. Für die Festsetzung der Ergänzungssteuer auf andere Einkünfte ist eine Steuererklärung für das abgelaufene Jahr abzugeben.

Beschränkt Steuerpflichtige, die Einkommen aus wissenschaftlicher, technischer, sportlicher oder kultureller Tätigkeit in Chile beziehen, zahlen in den ersten sechs Monaten ihres Aufenthaltes in Chile pauschal eine 20%ige Quellensteuer. Bei Einkünften aus anderen Tätigkeiten beträgt der Steuersatz 35%. Nach Ablauf dieser Periode begründen sie einen dauernden Aufenthalt und müssen ihr chilenisches Einkommen normal versteuern. Dies gilt auch bei Unterbrechungen des Aufenthaltes, wenn sie insgesamt über sechs Monate innerhalb von zwei aufeinanderfolgenden Kalenderjahren in Chile verbleiben.

> Für Steuerpflicht 6-Monate Regelung beachten.

Expatriates sind in Chile nicht sozialversicherungspflichtig, wenn sie bei einem ausländischen Träger gleichwertig versichert sind (was meistens der Fall ist). Andernfalls zahlen sie auf ihre Beiträge bis zu einer bestimmten Beitragsbemessungsgrenze eine Sozialversicherungssteuer in Höhe von 20,2%. Die Beiträge sind steuerlich abzugsfähig.

C) Abkommen zur Vermeidung der Doppelbesteuerung

Überraschend ist, daß Chile trotz seiner über zwei Jahrzehnte währenden Liberalisierungspolitik und Öffnung nach außen erst seit 1998 Abkommen zum vollständigen Vermeiden der Doppelbesteuerung unterzeichnet hat. Doppelbesteuerungsabkommen bestehen bisher nur mit Kanada, Mexiko und Argentinien. Weitere sollen jedoch folgen. Mit einigen Ländern hat Chile eingeschränkte Abkommen geschlossen, z.B. mit der Bundesrepublik Deutschland zur Vermeidung der Doppelbesteuerung von Einkünften aus Schiffahrtsunternehmen.

Derartige Abkommen regeln bei ausländischen Einkünften eines in einem der beiden Länder unbeschränkt Steuerpflichtigen im wesentlichen, welchem Land das Besteuerungsrecht zugewiesen wird sowie die Anrechnung der im anderen Land gezahlten (Quellen-) Steuern. Dabei wird nicht nur die Rechtssicherheit erhöht, sondern auch eine verbesserte Zusammenarbeit der nationalen Verwaltungen vereinbart.

3. Die Ertragssituation europäischer Unternehmen - Sekt oder Selters?

In der Studie wurden die Unternehmen auch zu ihrer Umsatzrendite nach Steuern gemäß des letzten Jahresabschlusses bzw. der betriebswirtschaftlichen Auswertung 1997 / 98 befragt.[7] Um Verzerrungen des Ergebnisses durch die Angaben neugegründeter Betriebe zu vermeiden, wurden nur Unternehmen berücksichtigt, die bereits vor 1996 ihre Geschäftstätigkeit aufgenommen haben.

A) Die Gesamtsituation - Solide Erträge im überschaubaren Zeitraum

In Chile konnten die Betriebe mit europäischer Beteiligung im abgelaufenen Geschäftsjahr eine durchschnittliche Umsatzrendite nach Steuern von 7,9% verbuchen. Die Unternehmen benötigen im Durchschnitt knapp 3,7 Jahre bis sie erstmals die Gewinnzone erreichen. Dieses solide Ergebnis wird dadurch unterstrichen, daß 86,6% der Befragungsteilnehmer innerhalb von fünf Jahren ein positives Betriebsergebnis erzielten.

Abb. VI-4

Mehr als drei Viertel der befragten Unternehmen beendeten das Geschäftsjahr 1997 / 98 mit einem Betriebsergebnis von mindestens 5%. Knapp die Hälfte der Betriebe konnten sogar Renditen von 9% und darüber erzielen. Wichtigster Grund für diese positive Entwicklung ist die hohe Zahl von Großunternehmen, die sich auf dem chilenischen Markt engagieren. Großbetriebe benötigen häufig aufgrund hoher Investitionssummen eine etwas längere Anlaufzeit, erreichen dann aber relativ konstant in jedem Jahr ein befriedigendes

[7] Zu den künftigen Ertragsaussichten der befragten Unternehmen vgl. Kapitel II.1.D), Abb. II-6.

Betriebsergebnis. Für überdurchschnittliche Renditen und rasche Erträge sind sie aufgrund ihrer Struktur meist nicht flexibel genug.

Weiterhin engagieren sich in Chile zunehmend kleine und mittlere Betriebe, die wegen ihrer höheren Flexibilität und günstigeren Kostenstrukturen tendenziell höhere Gewinne erwirtschaften als Großunternehmen. Immerhin ein Fünftel der befragten Unternehmen verzeichneten eine Umsatzrendite nach Steuern von mindestens 13%. Lediglich 8,2% der Betriebe beendeten das Geschäftsjahr 1997 / 98 ohne positives Betriebsergebnis.

B) Der Branchenvergleich: Chemie und Pharmazie überdurchschnittlich

Mit deutlichem Abstand auf dem ersten Platz im Branchenvergleich liegt bei den Gewinnen die Chemische und Pharmazeutische Industrie. Die meisten Unternehmen sind bereits seit vielen Jahren auf dem chilenischen Markt etabliert und konnten bei der Kostensenkung, der Qualitätssicherung und der Produktivität im Fertigungs- und Vertriebsbereich große Fortschritte erzielen. Sehr hohe Marktanteile von durchschnittlich 53% sichern der Chemischen Industrie bei guter Inlandsnachfrage und zunehmender Exportorientierung ein ausreichendes Absatzvolumen. Den meisten Unternehmen der Pharmabranche ist es erfolgreich gelungen, im harten Preiskampf zu bestehen und insbesondere Nachteile im Patentschutz auszugleichen (vgl. Kap. IV.3.).

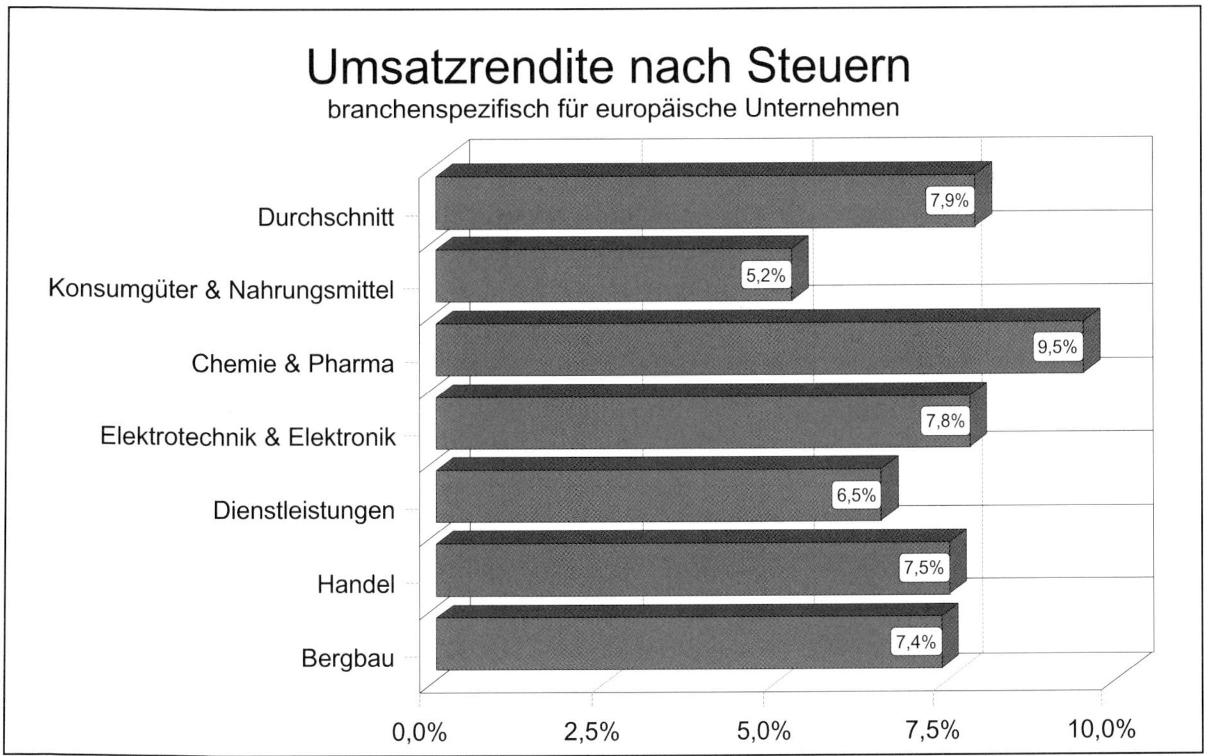

Abb. VI-5

Auf dem zweiten Platz im Renditevergleich liegt die Elektrotechnische und Elektronikindustrie. Hohes Marktwachstum (z.B. im Automatisierungsbereich, in der Telekommunikation und in der Elektrizitätswirtschaft) bietet den befragten Unternehmen der Branche bei einem Marktanteil von 24% genügend Nachfrage. Durch hohe Produktivität und allgemein niedrige Kosten ist die Gewinnspanne bei steigendem Preisniveau groß.

An dritter Stelle steht die Handelsbranche mit Umsatzrenditen knapp unter dem Gesamtdurchschnitt. Trotz starker ausländischer Konkurrenz konnten sich die befragten europäischen Unternehmen der Branche hohe Marktanteile von durchschnittlich 50% erkämpfen. Sie erreichen aufgrund ihrer günstigen Kostenstruktur und dem hohen Bedarf an Importwaren befriedigende Gewinnmargen.

Die im Bergbau tätigen Betriebe liegen im Branchenvergleich nur knapp hinter den Ergebnissen des Handels. Das Überangebot an Kupfer auf dem Weltmarkt drückt die Gewinnmargen der Minenbetreiber und zwingt sie zu Kostensenkungen. In diesem Bereich ist die Zahl der europäischen Unternehmen hoch, die mit Spezialmaschinen, Komponenten oder technischem Service den dringenden Modernisierungsbedarf der weiterhin stark wachsenden Branche decken und befriedigende Erlöse erwirtschaften.

Die gegenwärtig unterdurchschnittliche Rentabilität der Dienstleistungsbranche ist vor allem auf die in den letzten Jahren stark gestiegene in- und ausländische Konkurrenz in den meisten Bereichen zurückzuführen. Sie korreliert aber nicht unbedingt mit dem Wachstumspotential der Branche. Insbesondere Ingenieursdienstleistungen sowie der Softwarebereich mit Schwerpunkt Implementierung und Beratung gehören zu den am stärksten wachsenden Wirtschaftszweigen in Chile. Bei steigender Nachfrage nach qualitativ hochwertigen Dienstleistungen erreichen sich spezialisierende Unternehmen immer höhere Gewinnmargen.

Schlußlicht im Renditevergleich ist in Chile die Konsumgüter- und Nahrungsmittelindustrie. Einige der befragten Unternehmen rechneten mit einem höheren Absatzvolumen und wurden von der starken Konkurrenz vor Ort (z.B. bei langlebigen Konsumgütern) überrascht. Der immer anspruchsvoller werdende Verbraucher kann außerdem nur durch technologieintensive Produkte zufriedengestellt werden, die eine lokale Fertigung häufig nicht in der geforderten Qualität und Effizienz herstellt. Viele Betriebe vor Ort investieren daher in die Modernisierung und Erweiterung ihrer Produktion, um das Absatzpotential der Branche zu nutzen. Die damit verbundenen Aufwendungen belasten den Bilanzgewinn und drücken die Rendite.

VII. Personal und Kultur - Management mit Fingerspitzengefühl

1. Personalentwicklung und Führung

A) Ausbildungssituation - Qualifikationsbedarf auf mittlerer Ebene

In Chile sind die Unterschiede im Ausbildungsgrad groß. Dabei gilt das Qualifikationsniveau auf der Führungs- und der unteren Ebene als sehr gut. Mangel herrscht aber an guten Mitarbeitern auf mittlerem Ausbildungsniveau, insbesondere an Facharbeitern. 42% der befragten europäischen Unternehmen hätten im Fall einer Neueinstellung Schwierigkeiten, einen geeigneten Facharbeiter für spezielle Aufgaben zu finden.

Die Ausbildung hochqualifizierter Arbeitskräfte wie Betriebswirte, Juristen und Ingenieure wird von den Befragungsteilnehmern als sehr gut beurteilt. In der Regel sind frisch graduierte Wirtschaftswissenschaftler in der Lage, eigenständig komplexe Geschäfte abzuschließen oder sich selbständig zu machen. Daher wird Berufseinsteigern oft schon nach kurzer Einarbeitungszeit die volle Verantwortung, z.B. im Marketing oder in den Finanzen übertragen (vgl. Kap. V.3.C). Nach jahrzehntelanger Erfahrung im internationalen Wettbewerb exportiert Chile mittlerweile auch das eigene *Management Know-how*. Insbesondere chilenische Bergbauingenieure werden gerne bei großen Projekten im Ausland zu Rate gezogen.

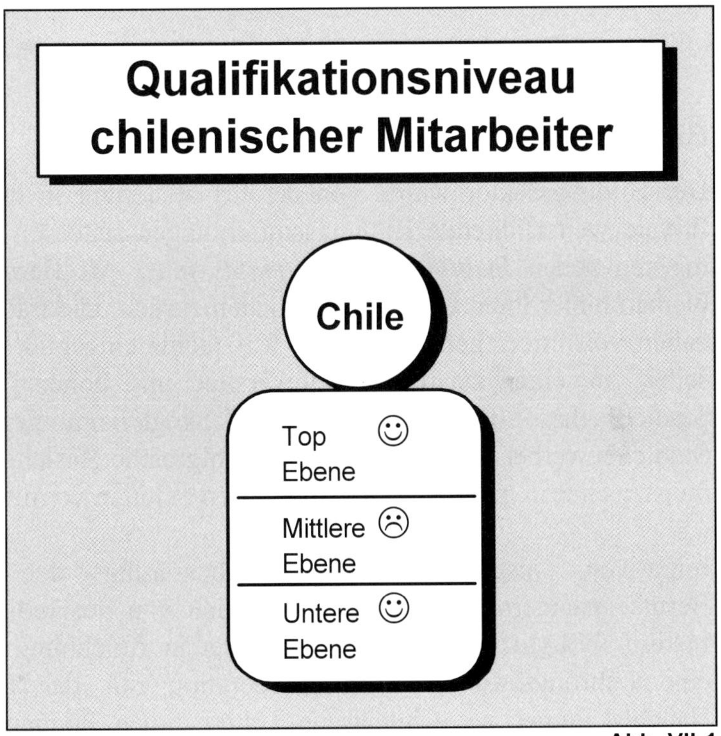

Abb. VII-1

Nach Aussagen der befragten Unternehmen fehlt es in Chile an guten Fachkräften. Es gibt zwar eine Reihe von privaten Berufsschulen, die sich auf technische Berufe konzentrieren. Allerdings vermitteln diese eher theoretisches Wissen. Zudem verdienen Mitarbeiter ohne Universitätsabschluß viel weniger als Akademiker. Folglich versucht jede Familie, ihre Kinder auf die Universität zu schicken, sofern sie es sich leisten kann.

Das Qualifikationsniveau der Arbeitskräfte auf unterer Ebene in Chile gilt als gut. Seit Beginn der 90er Jahre hat die chilenische Regierung kräftig in die allgemeine Grundausbildung investiert. Chiles Alphabetenrate von 95% zählt zu den höchsten innerhalb Lateinamerikas. Niedrig qualifizierte Mitarbeiter sind ohne weiteres verfügbar. Der Bedarf dürfte in Zukunft aufgrund der wenigen Unternehmen, die in der Massenproduktion tätig sind, nicht steigen.

Sekretärinnen - Der Drache im Vorzimmer

Eigentlich verwundert es, daß einige Unternehmer Sekretärinnen als eines ihrer größten Personalprobleme in Chile betrachten. So erzählte ein noch neuer Unternehmer, er hätte innerhalb der ersten zwei Monate sechs Sekretärinnen „verschlissen", bevor er etwas toleranter geworden sei und eine noch akzeptable Person für den Job gefunden hätte. Doch nicht nur Neulinge, sondern auch alteingesessene Unternehmer haben hier Schwierigkeiten.

Dabei geht es nicht allein um den generellen Mangel an mehrsprachigen Sekretärinnen oder die starke Sekretärinnengewerkschaft. Besonders kritisiert werden die Punkte Machtfülle und Machtanmaßung: So sind Sekretärinnen dafür berüchtigt, häufig auch gegen den Willen des Chefs Post vorzusortieren und sogar zu öffnen oder rigoros keine Anrufe zu ihm durchzulassen (versuchen Sie mal einen Geschäftsführer in Chile telefonisch zu erreichen). Als besondere Ironie erscheint dabei den europäischen Managern vor Ort die Institution des „Sekretärinnentags". An diesem einen Tag im Jahr erwartet die Sekretärin von ihrem Chef Geschenke, eine Einladung zum Mittagessen und anschließend einen freien Nachmittag!

Abb. VII-2

Bildungspolitische Maßnahmen

Der Bildungssektor wurde von der Privatisierung in den 80er Jahren nicht ausgeschlossen. Private weiterführende Bildungseinrichtungen schossen wie Pilze aus dem Boden. Doch die meisten neuen *Institutos Profesionales* (eine Art Berufsschule) und privaten Universitäten bleiben hinter ihren Qualitätsansprüchen zurück. Die traditionsreichen staatlichen Hochschulen haben von ihrem hervorragenden Ruf nichts eingebüßt.[1] Allerdings ist eine gute Ausbildung selbst an einer staatlichen Universität mit hohen Kosten verbunden.[2] Die Wahl des Studienfaches sowie der Universität hängt vom Ergebnis einer Prüfung ab, die jeder Studienbewerber ablegen muß. Das erfolgreiche Bestehen setzt jedoch Kenntnisse voraus, die meistens nur in privaten und damit teuren Schulen vermittelt werden.

Initiativen, insbesondere zur Verbesserung der fachpraktischen Ausbildung von Berufseinsteigern, kommen hauptsächlich von ausländischen Institutionen und Firmen: Das Institut INSALCO[3] beispielsweise bietet in Anlehnung an das duale System in Deutschland eine Lehrlingsausbildung in Kooperation mit der Deutsch-Chilenischen Industrie- und Handelskammer an. Chilenische Unternehmen können hierfür allerdings kaum gewonnen werden. Das Konzept der Lehre, bei dem das Unternehmen für die Ausbildung bezahlt, obwohl der Lehrling nicht die gesamte Zeit zur Verfügung steht, ist ihnen fremd. Außerdem wollen sie nicht in Mitarbeiter investieren, die später von der Konkurrenz abgeworben werden (vgl. Abb.VII-5).

[1] Zu den sehr guten staatlichen Universitäten zählen die *Pontificia Universidad Católica de Chile* (UC) und die *Universidad de Chile*, beide in der Hauptstadt Santiago de Chile. Die *Universidad Técnica Federico Santa María* in der Küstenstadt Valparaíso gilt als eine der besten technischen Universitäten des Landes.

[2] Ein Studienjahr kostet US$ 1.700 bis 3.500. Gemessen am Einkommen vieler Chilenen ist dieser Betrag hoch.

[3] INSALCO (*Instituto Superior Alemán de Comercio*) entspricht in etwa der höheren Handelsschule in Deutschland.

Weiterbildung häufig in Eigenregie

Das oben beschriebene Ausbildungssniveau sowie die starke Konkurrenzsituation zwingen die befragten Unternehmen, ihre Mitarbeiter in Eigenverantwortung aus- und weiterzubilden. 93% der Befragungsteilnehmer bieten Ausbildungseinheiten für ihre Mitarbeiter an, die über ein reines *Training on the Job* hinausgehen. Die europäischen Unternehmen bilden Facharbeiter oft über mehrere Monate im eigenen Haus aus. Dazu zählen auch die Einführung in neue Arbeitstechniken und Technologien. Die europäischen Handels- und Vertriebsfirmen legen ihren Schwerpunkt auf die Ausbildung ihres Verkaufspersonals. „Chilenen sind zwar gute Händler“, so ein Europäer, „aber um den anspruchsvollen chilenischen Kunden überzeugen zu können, müssen die Verkäufer das Produkt und dessen Vorzüge bis ins kleinste Detail kennen.“ Auch Firmen im Dienstleistungssektor trimmen ihre Ingenieure auf Kundenbetreuung, da sich der Service zu einem zunehmend wichtigen Wettbewerbsargument entwickelt.

Zur Steigerung der Arbeitsproduktivität bieten viele Unternehmen Kurse zur Entwicklung „weicher“ Arbeitsfaktoren an. Hierzu zählen Ausbildungseinheiten zu Qualitätsbewußtsein, Arbeitsorganisation, Partizipation und Verantwortung am Arbeitsplatz. Allgemein qualifizierende Kurse, etwa in EDV-Anwendungen oder in Fremdsprachen, runden die Palette der Weiterbildungsmaßnahmen ab.

Ein weiterer Weg zum Steigern von Ausbildungsniveau und Motivation ist das Entsenden lokaler Mitarbeiter in das Stammhaus, wobei die meisten der entsandten Beschäftigten Techniker sind. Die befragten Unternehmen schicken durchschnittlich zwei chilenische Mitarbeiter pro Jahr für einen Aufenthalt von bis zu drei Monaten in das Mutterhaus. Nach der Rückkehr kann der Mitarbeiter dann als Multiplikator und als Motor für Veränderungen in seinem Arbeitsbereich dienen. Außerdem kostet das Entsenden eines lokalen Mitarbeiters deutlich weniger als der Aufenthalt eines europäischen Vertragsangestellten in Chile. Allerdings mußten schon einige der befragten Unternehmen die Erfahrung machen, daß nach Europa entsandte Mitarbeiter das Unternehmen anschließend verlassen.

70% der befragten Unternehmen bewerten ihre Ausbildungsprogramme als erfolgreich. Vor allem junge Mitarbeiter zeichnen sich durch Einsatz und Lernwillen aus. Sie nutzen interne Weiterbildungsmaßnahmen oder Kurse an Abendschulen, um auf der Karriereleiter voranzukommen.

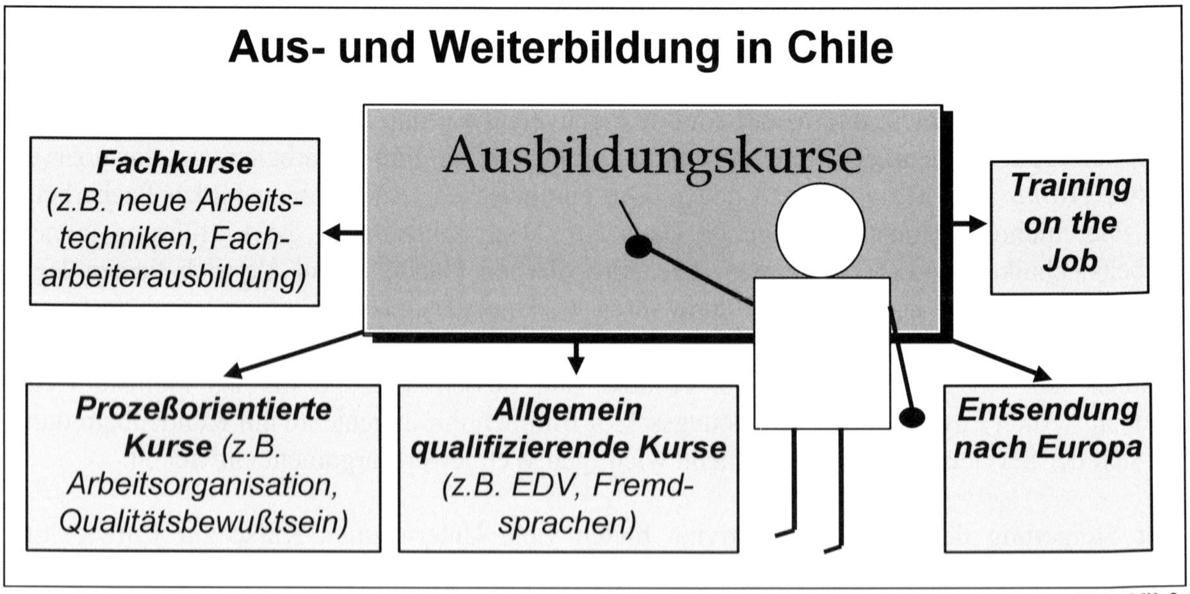

Abb. VII-3

B) Personalkosten - Teure Spitzenkräfte

Mit etwa 28% der Gesamtkosten schlagen die Lohnkosten in Chile als größter Faktor zu Buche. Bei Angaben zur Höhe der durchschnittlichen Vergütungen lassen sich jedoch nur schwer allgemeingültige Aussagen treffen. So treten unternehmens- und branchenspezifische Schwankungen auf.

In Chile müssen Spitzenkräfte in den Segmenten Marketing, Hochtechnologie und kaufmännisches Management teilweise zu westeuropäischen Gehältern angestellt werden (vgl. Abb. VII-4). Innerhalb Lateinamerikas liegen die durchschnittlichen Gehälter im höheren Management nach Argentinien und Mexiko an dritter Stelle.[4] Der Grund ist zum einen die sehr gute Ausbildung im kaufmännischen Bereich. Zum anderen hat der Boom in den 90er Jahren hoch qualifizierte Führungskräfte sehr begehrt gemacht. Die Steigerung der Gehälter war höher als die Inflationsrate plus Produktivitätszuwachs.

Die europäischen Unternehmer sind allerdings der Ansicht, daß das Preis-Leistungsverhältnis im *Upper Management* verzerrt ist. „Der Markt wird von Betriebswirten überschwemmt, und nicht alle verdienen den Ruf des kompetenten und harten chilenischen Managers", so einer der befragten Unternehmer. Zudem hat sich die Asienkrise negativ auf den Arbeitsmarkt ausgewirkt: Die Arbeitslosenrate im September 1999 betrug 11%. In den Jahren zuvor lag sie bei um die 6%. Sogar die Arbeitslosigkeit unter Akademikern ist in Chile kein fremdes Phänomen. Aus diesen Gründen dürften sich die Gehälter auf Top-Ebene zunächst stabil halten und in Zukunft nicht so kräftig ansteigen wie bisher.

Die Löhne und Gehälter auf mittlerer Ebene werden von den Befragungsteilnehmern als angemessen betrachtet. Die Spitzengehälter können z.B. Ingenieure der Bergbaubranche durchsetzen. Der chronische Mangel an guten Fachkräften drückt die Löhne tendenziell nach oben.

[4] Quelle: World Economic Forum, 2/1999. Die Spitzengehälter in Brasilien lagen vor der größeren Abwertung des Real (Landeswährung) im Frühjahr 1999 auf US$-Basis etwa gleichauf mit Mexiko. Seitdem rangieren sie an vierter Position innerhalb der größten Volkswirtschaften Lateinamerikas.

Durchschnittliche Grundgehälter in Industrie und Dienstleistung / Handel *

(in US$ pro Monat, Basis 1999)

Branche / Position[5]	Grundgehalt
Low Level (z.B. Fabrikarbeiter, Berufsanfänger)	Industrie: 220-400 Dienstleistung: 250-500 ☺
Medium Level (z.B. Vorarbeiter, Meister, Ingenieur)	Industrie: 800-4300 Dienstleistung: 1000-4500 😐
Upper Management (z.B. Werksleiter, Projektmanager)	Industrie: 2300-11000 Dienstleistung: 3500-12000 ☹
+ Zusatzleistungen (z.B. Zusatzkrankenversicherung, Bonus, Gewinnbeteiligung)	**+ 20% bis 30%** ☺
+ Weiterbildung	**+ 20% bis 60%** 😐

* nach Angaben der Befragungsteilnehmer

Abb. VII-4

Nur noch für gering qualifizierte Arbeitnehmer sind die Löhne in Chile gering. Der gesetzliche Mindestlohn beträgt 1999 knapp über US$ 200. Somit ist er gegenüber 1998 um ca. 12% angestiegen. Im Jahr 2000 wird er nochmals um etwa 10% angehoben. Diese Steigerungen des Mindestlohnes haben die Gewerkschaften in Verhandlungen mit der Regierung durchgesetzt. Niedrig qualifizierte Arbeitskräfte sind in Chile im Vergleich zu asiatischen Niedriglohnländern wie der Volksrepublik China oder Indonesien jedoch teurer.

Insgesamt liegen die durchschnittlichen Lohn- und Lohnnebenkosten in Chile um 40% unter dem Niveau eines europäischen Standortes (vgl. Kap. V., Abb. V-2). Sie liegen somit auch bis zu 20% niedriger als in Brasilien. Im Vergleich zu anderen *Emerging Markets* sind Chiles Lohn- und Lohnnebenkosten hingegen höher: um 30% gegenüber Mexiko, um 60% gegenüber asiatischen Ländern wie Indien, Indonesien oder China.[6]

[5] *Low Level* Position: im Industriebereich, z.B. angelernter Fabrikarbeiter, im Dienstleistungssektor Berufsanfänger im Service; *Medium Level* Position: im Industriebereich, z.B. Vorarbeiter oder Meister, im Dienstleistungsbereich, z.B. Ingenieur mit drei Jahren Berufserfahrung; *Upper Management*: Mitarbeiter in gehobenen Positionen, z.B. Werksleiter oder Projektmanager sowie Spezialisten in ausgewählten Bereichen.

[6] Vgl. Siemsen, H. und Gerz C.: **Focus Mexiko - Visionen und Tips für die intelligente Markterschließung**, Global Strategy Series, Oktober 1998, S. 71;Vgl. Siemsen, H. und Geissbauer, R.: **Direktinvestitionen in China, Indien und Indonesien**, Publikation des Deutschen Industrie- und Handelstages (DIHT) und des Asien-Pazifik-Ausschusses der Deutschen Wirtschaft (APA), Juni 1996, S. 68; Vgl. Gerz, C., Gessner, P. und

C) Arbeitsrecht und Gewerkschaften

Neun von zehn befragten europäischen Unternehmen betrachten das Verhältnis zwischen Management und Arbeitnehmerschaft als gut bis sehr gut. Genauso positiv sehen 87% ihr Verhältnis zu den Gewerkschaften. Sie führen diese Situation zum einen auf das flexible Arbeitsrecht in Chile zurück, das viel Spielraum bei der Gestaltung von Arbeits- und Tarifverträgen gewährt und somit einen konstruktiven Dialog zwischen den Parteien erfordert. Zum anderen schätzen Chilenen Europäer als harte, aber offene und faire Verhandlungsführer.

Zu den wichtigen Rahmenbedingungen des Arbeitsrechtes in Chile zählen:

- Abschluß von Individual- oder Kollektivarbeitsveträgen
- Tarifverhandlungen auf betrieblicher oder überbetrieblicher Ebene
- Maximale Arbeitszeit: 48 Stunden innerhalb 6-Tage-Woche
- Bei Überstunden Zuschlag von 50% auf den vereinbarten Lohn
- Nach einjähriger Arbeitszeit Anspruch auf 15 Urlaubstage
- Pflicht zur Gewinnausschüttung an Arbeitnehmer: entweder 30% des Nettogewinns oder 25% des Jahresentgelts (vgl. Kap. VI.2.A).

Das flexible Arbeitsrecht macht eine ordentliche **Kündigung** seitens des Arbeitgebers wesentlich einfacher als in Europa. Ein Mitarbeiter kann binnen einer Frist von 30 Tagen entlassen werden, wenn es die wirtschaftliche Situation des Unternehmens erfordert. Bei Zahlung einer Entschädigung von einem Monatslohn kann der Arbeitgeber sogar fristlos kündigen. Er kann zudem leitende Angestellte ohne Vorliegen betrieblicher Erfordernisse entlassen. Die Abfindung richtet sich nach der Verweildauer im Unternehmen: für jedes Arbeitsjahr ist ein Betrag in Höhe des letzten Monatsgehalts (höchstens 90 UF[7]) zu zahlen. Das gesetzliche Limit der Abfindung liegt bei 11 Monatsgehältern. Wird der Arbeitsvertrag im ersten Jahr aufgelöst, entfällt die Pflicht zur Zahlung der Abfindung.

Der Einfluß der **Gewerkschaften** ist relativ gering. Die politische Kraft, die sie einst zu Regierungszeiten Allendes inne hatten, wurde mit ihrem Verbot unter der Militärregierung Pinochets zerschlagen. Seit dem Übergang zur Demokratie 1990 sind Gewerkschaften wieder zugelassen. Sie haben jedoch ihre traditionell starke Rolle in Wirtschaft und Politik bislang nicht wiedergewinnen können, da sie auf nationaler Ebene kaum organisiert sind. Einen weiteren Grund sehen die Befragungsteilnehmer in der hohen Akzeptanz der dezentralen Arbeitsmarktregelung. In keinem der befragten Unternehmen fanden in den vergangenen Jahren Streiks statt.

Eine Ausnahme bilden allerdings die Gewerkschaften in der Bergbauindustrie. Hier sind die Arbeitnehmer traditionell stark organisiert. Ausländischen Unternehmen, die in dieser Branche investieren wollen, wird daher empfohlen, die Gewerkschaftsvertreter rechtzeitig in wesentliche Unternehmensentscheidungen einzubeziehen und ein gutes Verhältnis zu pflegen. Verhandlungsführer ist die Gewerkschaft der staatlichen Kupfergesellschaft CODELCO.

Siemsen, H.: **Europäische Investitionen in Brasilien, Chile und Mexiko im Vergleich**, erscheint Anfang 2000.

[7] UF (*Unidad de Fomento*): Inflationsbereinigte Verrechnungseinheit, die täglich errechnet und bekanntgegeben wird.

D) Lokale oder europäische Führungskräfte - Auf der Suche nach dem multikulturellen Manager

Europäische Vertragsangestellte (Expatriates) bevorzugt ...

Von den befragten europäischen Unternehmen setzen 70% einen Europäer an die Spitze des Unternehmens in Chile. Die restlichen Schlüsselpositionen in den Bereichen Finanzen, Marketing oder Personal werden häufig mit lokalen Mitarbeitern besetzt. 17% haben sich für einen Chilenen und 13% für einen Deutsch-Chilenen als Geschäftsführer entschieden. Durchschnittlich werden zwei Europäer im Jahr für einen Zeitraum bis zu drei Monaten zur Unterstützung des Unternehmens nach Chile geschickt.

Einer der wichtigsten Gründe für den relativ hohen Anteil an Expatriates ist, die Kontrolle aller Geschäftsaktivitäten fest in europäischer Hand zu halten. Dazu zählen neben wesentlichen Unternehmensentscheidungen die Ausbildung der Mitarbeiter, der Transfer und Einsatz von neuen Technologien sowie die Qualitätssicherung. Außerdem kann ein Expatriate als Führungskraft dic cigene Unternehmenskultur und Arbeitsweise besser in das Unternehmen in Chile einbringen. Besonders in der Anfangsphase treten zahlreiche technische und organisatorische Schwierigkeiten auf, die sich mit Hilfe eines Fachmannes oder einer Fachfrau vor Ort schneller beseitigen lassen. Als weiteren Grund für den Einsatz von Europäern nennen die Befragungsteilnehmer die manchmal zu hohen Gehaltsforderungen chilenischer Manager. In Einzelfällen kann eine lokale Spitzenkraft sogar teurer als ein Expatriate sein.

Gegen eine Entsendung von Expatriates spricht die Schwierigkeit, geeignet ausgebildetes Personal für einen Einsatz im Ausland zu finden. Gerade mittelständische Unternehmen haben häufig keine Mitarbeiter, die für einen mehrjährigen Einsatz im Ausland zu Verfügung stehen. Die Aufwendungen für einen europäischen Vertragsangestellten schließen zusätzlich zu einer erhöhten Auslandsvergütung auch Reisekosten, Unterstützung beim Umzug, teure Mietzahlungen etc. ein. Insbesondere für kleinere Unternehmen sind diese Ausgaben zu hoch. Die *High Potentials* (Top-Nachwuchskräfte) aus Großunternehmen in Europa wollen vielfach nicht gerne ins Ausland, weil die Abwesenheit vom Mutterhaus bisher die eigene Karriere eher behindert als gefördert hat. Inzwischen stellen sich die global tätigen Firmen um. Karriereanreize werden verstärkt eingesetzt, um gute Leute in die Tochterunternehmen zu holen und deren wertvolle Erfahrung im Ausland nach ihrer Rückkehr besser zu nutzen.

... aber lokale Manager starten durch

Der chilenische Unternehmergeist ist aufgrund der langjährigen Erfahrung im internationalen Wettbewerb stark entwickelt. Daher sind Chilenen in führenden Positionen im europäischen Unternehmen schon lange keine Seltenheit mehr. Ihr *Management Know-how* hat sich auch in den anderen Ländern Lateinamerikas bewährt und ist für die Firmen, die von Chile aus in andere Regionen expandieren wollen, von großem Vorteil. Chilenen werden vor allem als Führungskräfte eingesetzt, wenn sie über sehr gute lokale Marktkenntnisse, (Regierungs-) Kontakte und internationale Erfahrung verfügen. Viele chilenische Manager haben ihr Studium oder einen längeren Teil ihres Berufsweges in Europa oder in den USA verbracht. Bei der Wahl eines lokalen Geschäftsführers sind die europäischen Unternehmen allerdings vorsichtig und lassen sich viel Zeit. Ziel ist es, jemanden zu finden, der sich mit langfristiger Perspektive in die Unternehmenskultur integriert.

Über die schwindende Lust am *Job Hopping*

Ein Unternehmen schickt fünf Techniker zur Fortbildung nach Deutschland. Nach der Rückkehr kündigen vier davon. Ein Einzelfall? Keineswegs! 53% der befragten Unternehmen geben an, daß *Job Hopping* in ihrer Branche ein Problem darstellt. Ausländische Unternehmen haben damit zu kämpfen, daß sich im Betrieb mühsam ausgebildete Mitarbeiter auf und davon machen. Entweder werden sie mit einem lukrativen Gehaltsangebot (von der Konkurrenz) abgeworben oder sie machen sich selbständig. Spitzenkräfte, ob Kaufleute, Ingenieure oder Techniker, konnten sich diese Sprunghaftigkeit leisten, da die bis zur Asienkrise boomende Wirtschaft Top-Leute aufsog. Ein europäischer Unternehmer berichtet, er habe sogar einen Angestellten, der gekündigt hatte, auf dessen Gesuch wieder eingestellt. Die Arbeitsstelle war noch frei, da sich die Suche nach einem neuen geeigneten Mitarbeiter als erfolglos erwies.

Inzwischen zahlen über ein Drittel der Befragungsteilnehmer Gehälter von 13% über dem Branchendurchschnitt, um gutes Personal zu rekrutieren oder selbst ausgebildete Mitarbeiter zu halten. Doch das Bild wandelt sich. Die Asienkrise und ihre negativen Folgen für die chilenische Wirtschaft haben viele Chilenen verunsichert, und auf das abenteuerliche *Job Hopping* wird zunehmend verzichtet. Durch die steigende Arbeitslosigkeit gewinnt die Sicherheit des Arbeitsplatzes an Bedeutung. Zudem haben Chilenen erkannt, daß Weiterbildung zur Steigerung des eigenen Marktwertes unerläßlich ist. Daher dürfte in Zukunft ein attraktives finanzielles Angebot allein nicht mehr ausreichen, um gutes Personal dauerhaft zu gewinnen. Es kommt auch darauf an, den Angestellten Perspektiven für ihre berufliche Weiterentwicklung zu bieten und sie durch eine ansprechende Unternehmenskultur an den eigenen Betrieb zu binden.

Abb. VII-5

Unternehmen aus Deutschland haben bei der Suche nach einem lokalen Geschäftsführer nicht allzu große Schwierigkeiten: Sie setzen oft einen Deutsch-Chilenen ein. Die Vorteile liegen auf der Hand. Zielkonflikte treten kaum auf, da langfristiges und strategisches Denken für Deutsch-Chilenen keine leeren Vokabeln sind. Zudem sind sie mit beiden Mentalitäten bestens vertraut. Sprachliche und kulturelle Barrieren existieren nicht. Vor allem sind sie aufgrund ihrer Loyalität zum Mutterhaus äußerst beliebt.

Führungsstil - Autoritär oder partizipativ?

Der traditionelle chilenische Führungsstil ist durch autoritäre Bevormundung geprägt. Dies gilt besonders für die in Lateinamerika typischen Familienunternehmen, in denen bei wichtigen Entscheidungen Familieninteressen in der Regel dominieren. Es wird strengstens darauf geachtet, eine sehr formelle Distanz zwischen Vorgesetzten und Mitarbeitern zu wahren. Unternehmensspezifische Informationen werden nicht nur Fremden, sondern auch den eigenen Angestellten vorenthalten. Für europäische Unternehmen, insbesondere mit chilenischen Beschäftigten oder Partnern (Joint Venture), stellt sich daher die Frage nach der Kompatibilität der eigenen Unternehmensphilosophie mit der chilenischen.

Die meisten Befragungsteilnehmer treten dem chilenischen Verständnis von Management erfolgreich mit einem partizipativen Führungsstil entgegen. Sie ermutigen ihre Mitarbeiter, eigene Ideen einzubringen, Kritik auszusprechen und Verantwortung in zunächst kleinem Rahmen zu übernehmen. Es ist zwar für Chilenen ungewöhnlich, wenn der Chef selber durch die Etagen zieht, um nach seinen Mitarbeitern zu schauen. Doch auf diese Weise können die hierarchischen Strukturen langsam aufgelockert und das Potential der Mitarbeiter besser genutzt werden. Ein größeres befragtes Unternehmen veranstaltet z.B. für alle Mitarbeiter jährlich ein Wochenendseminar, um über die Aktivitäten des Mutterhauses und anderer Töchter (Expansion in neue Märkte, Gründung von Joint Ventures etc.) zu informieren.

Noch ist hohes Gehalt wichtiger als Eigenverantwortung

Im Rahmen der Studie wurden leitende chilenische Mitarbeiter danach befragt, welche Aspekte für die Wahl einer Stelle bzw. eines ausländischen Arbeitgebers eine Rolle spielen. Aus der Häufigkeit der Nennungen ergibt sich für leitende Angestellte die unten erstellte Rangfolge. Sie zeigt, daß die Mitarbeiter neben der Bezahlung das Ansehen des Unternehmens in den Vordergrund stellen. Eine Arbeit in einem ausländischen Unternehmen bedeutet gesellschaftliches Prestige und „Familienstolz" in einem.

Allerdings zeichnet sich ein Trend ab: Besonders für junge Chilenen spielen mehr Verantwortung am Arbeitsplatz und die eigene Karriere eine immer wichtigere Rolle. Von ihrem Arbeitgeber erwarten sie Vertrauen in ihre Fähigkeiten und klare Perspektiven, um auf der Karriereleiter schnell nach oben zu kommen.

Was reizt chilenische Führungskräfte?

1. Hohes Gehalt
2. Ansehen des Unternehmens
3. Eigenverantwortung
4. Klare Karriereziele
5. Zusatzleistungen

Abb. VII-6

2. Kulturelle Einflüsse - Die Fährte des Pumas

Kulturelle Unterschiede spielen in Lateinamerika eine erheblich geringere Rolle für den Erfolg oder Mißerfolg eines europäischen Engagements als in Asien. Die kulturelle Affinität Chiles zur westlichen Kultur, insbesondere der US-amerikanischen, der spanischen und der deutschen, kann als einer der großen Investitionsvorteile gewertet werden. Trotzdem sind in vielen Fällen kulturelle Faktoren eine Ursache für das Scheitern von europäisch-chilenischen Kooperationen. Falsche Erwartungen, Sprache, unzureichende Kenntnis der lokalen Gegebenheiten und kulturbedingte Mißverständnisse führen zu Konflikten mit Mitarbeitern, Lieferanten oder Kunden. Wichtig ist deshalb, daß europäische Mitarbeiter vor einem Auslandseinsatz auf die Besonderheiten beim Umgang mit den Geschäftspartnern im Gastland vorbereitet werden. Landesspezifische Vorbereitungskurse, die kulturelle Unterschiede auf Formeln für einfache Verhaltensregeln reduzieren, genügen in der Regel nicht. Um die Denk- und Verhaltensweisen der Menschen im Gastland zu verstehen, muß sich der Expatriate auf die chilenische Kultur vor Ort einlassen und darf sich nicht hinter der sicheren Fassade seines Fünf-Sterne-Hotels und den Zirkeln der eigenen *Community* verstecken.

A) Chile - Das Europa Lateinamerikas

Chilenen beschreiben sich selber gerne als die Europäer Lateinamerikas, ein Titel, den sie widerstrebend auch den Argentiniern zugestehen. Umgekehrt berichten Europäer fast im Einklang: „In Chile fühlt man sich nicht fremd". Erfahrene Lateinamerikakenner merken an, daß die Exotik, die sie in anderen Ländern wie Brasilien verspüren, in Chile nicht in der Luft liegt. Gemessen an anderen Lateinamerikanern seien Chilenen fast zu steif und verschlossen.

Diese Eindrücke liegen in der kolonialen Geschichte des Landes begründet. Die meisten indigenen Kulturen, die vor der spanischen Eroberung in Chile lebten, starben aus.[8] Der Rest vermischte sich mit den Spaniern zur Mestizenbevölkerung. Der indianische Einfluß ist daher in Chile im Vergleich zu vielen anderen lateinamerikanischen Ländern sehr gering. Neben spanischen und indianischen Elementen wurde Chile seit dem 19. Jahrhundert stark von englischen und deutschen Einwanderern geprägt. Die Engländer dominierten im Bank- und Finanzwesen, Bergbau und vor allem im Handel und der Schiffahrt. Die ersten deutschen Einwanderer, vornehmlich Bauern und Handwerker, siedelten sich entsprechend der Kolonisationspolitik der chilenischen Regierung um 1848 im Süden des Landes an. Unter sehr schweren Lebensbedingungen verwandelten sie den dichten Urwald in Ackerland. Die Beharrlichkeit und der Fleiß, mit der die Siedler um ihr Überleben kämpften, sehen Chilenen heute immer noch als „wahrhaft deutsche Tugenden" an.[9]

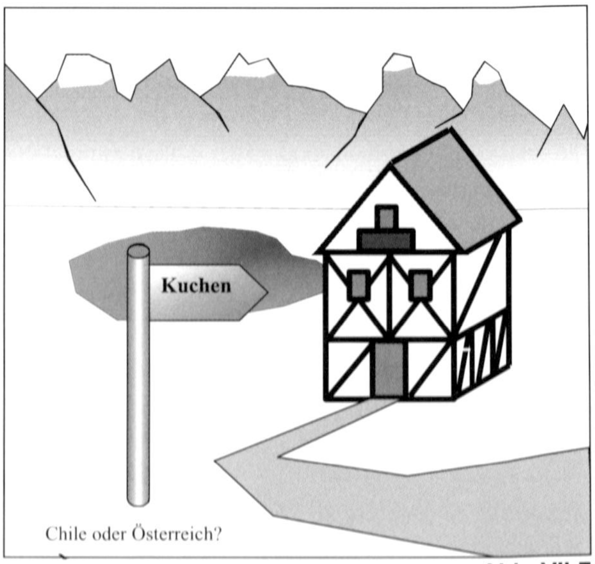

Abb. VII-7

Der Einfluß der deutschsprachiger Einwanderer ist noch heute in Chile zu spüren. Es gibt Deutsche Krankenhäuser, Alpenvereine, Cafés mit dem Namen „Mozart" und sogar Deutsche Feuerwehrskompanien. Bei Worten wie „Kuchen" oder „Strudel" erfreut sich der Gaumen aller Chilenen, und im Süden des Landes erinnert der Baustil vieler Häuser an Süddeutschland oder Österreich (vgl. Abb. VII-7). Bei 13 Deutschen Schulen in Chile ist es nicht überraschend, daß sogar in abgelegenen Dörfern ältere chilenische Herren deutscher Abstammung mit Touristen über die Zeiten des Kaiserreiches sprechen möchten.

---

[8] Eine Ausnahme bilden die Völker der Aymara in den nördlichen Anden und der Mapuche im Süden. Die Mapuche-Indianer konnten weder von den Inkas noch den Spaniern erobert werden. Erst 1881 wurden sie von der chilenischen Armee bezwungen.

[9] Auch Industrielle und Wissenschaftler kamen ins Land. Bis zum Ende des 19. Jahrhunderts lebten ca. 5.000 Deutsche in Chile.

Spanisch ist nicht gleich Spanisch

Wer glaubt, der spanischen Sprache mächtig zu sein, wird in Chile eines Besseren belehrt. In keinem anderen Spanisch sprechenden Land haben sich so zahlreiche und vielfältige landesübliche Redewendungen sowie ein eigenes Vokabular entwickelt. Diese eigenen Sprachkreationen werden auch *Chilenismen* genannt. Chilenen lieben zudem Wortspiele[10] und Sprichwörter. Leider sprechen viele sehr undeutlich und verschlucken Silben am Ende eines Wortes, was einen Fremden fast zur Verzweiflung bringen kann. Trotzdem dürfen sich Neuankömmlinge nicht abschrecken lassen. Mit etwas Geduld gewöhnen sich die Ohren an diese chilenische Besonderheit. Außerdem nehmen Chilenen viel Rücksicht auf Ausländer und erklären die *Chilenismen* mit großer Begeisterung. Die Liebe der Chilenen zur Sprache zeigt sich auch in ihrer tiefen Verehrung der zwei nationalen Literaturnobelpreisträger Gabriela Mistral (1945) und Pablo Neruda (1971). Wie ein chilenischer Schriftsteller einmal schrieb, sind „alle Chilenen in ihrer tiefsten Seele Dichter".[11]

Abb. VII-8

[10] Ein Wortspiel ist z.B. das Umdrehen von Silben: aus *saco* (Sakko bzw. Jackett) wird *cosa* (Sache, Ding). Oft entstehen Wortspiele aber aus der laufenden Konversation heraus.

[11] Aus dem Roman „Mit brennender Geduld" von Antonio Skármeta.

B) Die Chilenen aus Sicht der Europäer - Formell und gut organisiert

Die folgenden Abschnitte versuchen zu klären, was Europäer und Chilenen an der jeweils anderen Seite als besonders förderlich bzw. verbesserungswürdig für die Zusammenarbeit im Unternehmen erachten. Dabei soll keinen Stereotypen Vorschub geleistet werden, die „jeden" Chilenen oder Europäer in eine Schublade stecken. Vielmehr werden Einschätzungen wiedergegeben, die im Rahmen der Befragung auf chilenischer und europäischer Seite besonders häufig genannt wurden. Natürlich macht jedes Unternehmen eigene, individuelle Erfahrungen.

Was Europäer an Chilenen schätzen

Disziplin und Zuverlässigkeit: Europäer schätzen Chilenen als sehr zuverlässige Mitarbeiter und Geschäftspartner. Verbunden mit ihrer Fähigkeit zur Selbstorganisation haben sie sich den Ruf als „Preußen Lateinamerikas" erworben. Der Begriff von „Zeit" ist längst nicht so dehnbar wie in anderen Ländern der Region, und Chilenen haben ein gesundes Verhältnis zum Konzept der Pünktlichkeit. Gelobt wird auch die Disziplin und Konstanz, mit denen Chilenen arbeiten. Für eine termingerechte Lieferung der Arbeitsergebnisse sind Überstunden oder Wochenendarbeit selbstverständlich.

Fleiß und hohe Lernbereitschaft: Die Chilenen zeichnen sich durch hohe Lern- und Arbeitsbereitschaft aus. Der Wille, die eigene ökonomische Situation zu verbessern, treibt sie zu Höchstleistungen an. Sie sind vielseitig interessiert und offen für neue Ideen und Technologien. Die mittlerweile starke Konkurrenz auf dem Arbeitsmarkt motiviert vor allem junge Mitarbeiter, durch eine kontinuierliche Weiterbildung auf der Karriereleiter voranzukommen. Die Ursache für den Fleiß und die hohe Arbeitswilligkeit sehen viele Unternehmen in der natürlichen Beschaffenheit des Landes: Chile verfügt weder über Flüsse aus Gold noch über üppige Erdölreserven. Die Menschen von der Wüste im Norden bis zum ewigen Eis im Süden mußten schon immer hart arbeiten, um ihr Überleben zu sichern.

Eloquenz und Überzeugungskraft: Chilenen können sich selber und ihre eigenen Ideen sehr gut verkaufen. Nicht umsonst setzen sie erfolgreich ihre Produkte auf vier Kontinenten ab. Daher lassen sie sich bestens im Vertrieb einsetzen. Als erfahrene Händler verstehen sie es ausgezeichnet, die Vorzüge eines Produktes anzupreisen. Dabei kommt ihnen ihre Redegewandtheit und Cleverness sehr entgegen.

Aufgeschlossenheit gegenüber Europäern: Auch wenn sie Fremden gegenüber zunächst sehr formell auftreten, sind Chilenen sehr warmherzig und gastfreundlich. Gerne betonen sie Ausländern gegenüber, daß sie europäische Vorfahren haben. Deutschsprachige Europäer genießen in Chile aus historischen Gründen einen hervorragenden Ruf. Zudem werden europäische Produkte als sehr hochwertig und zuverlässig angesehen. Die Lebensfreude und der Humor der Chilenen wirkt sich positiv auf ihr Arbeitsumfeld aus und sorgt dort für eine freundliche Atmosphäre.

Abb. VII-9

Was Europäer an Chilenen kritisieren

Kurzfristiges Denken: Die europäischen Unternehmen vermissen strategisches und innovatives Denken. Chilenen können zwar in kurzer Zeit schnelle und lukrative Geschäfte machen. Doch mit einer langfristigen Perspektive (re-) investieren nur die wenigsten. Der Aufbau eines Unternehmens bedeutet für sie nicht die Schaffung eines Lebenswerkes, sondern ein Projekt mit Anfang und Ende. Statt dessen sind sie Meister in der Imitation von Ideen und Produkten anderer. Eine neue Filiale einer Apothekenkette beispielsweise lockt in kürzester Zeit die Konkurrenz an, die sich, wenn nicht direkt nebenan, an der Straßenecke gegenüber niederläßt. Es ist bequemer, anderen die Suche nach neuen Marktnischen zu überlassen, anstatt selber welche auszuloten.

Mangelnde Eigeninitiative: Die Unternehmensstruktur in Chile ist traditionell streng hierarchisch. Daher sind chilenische Mitarbeiter es gewohnt, Arbeitsanweisungen von oben geflissentlich auszuführen. Das Einbringen eigener Ideen zur Verbesserung des Produktes oder des Arbeitsprozesses ist ihnen in aller Regel fremd. Selbst wenn sie explizit nach ihrer persönlichen Meinung gefragt werden, weichen sie lieber aus. Entscheidungen werden gerne anderen überlassen.

Neigung zur Selbstüberschätzung: Auch wenn Chilenen erfahrene und clevere Geschäftsleute sind: Die europäischen Unternehmer beobachten, daß der wirtschaftliche Erfolg chilenischer Unternehmer in den Boomjahren der 90er einigen zu Kopf gestiegen ist. Das zeigt sich zum einen darin, daß nur wenige die ihnen unterlaufenen Fehler zugeben. Zum anderen wenden sie Kritik leichtfertig ab oder fühlen sich persönlich sehr stark angegriffen. Das erhöht die Schwierigkeit für den europäischen Partner, Mängel im täglichen Geschäftsbetrieb zu erkennen und gemeinsam nach Lösungen zu suchen.

Geschlossene Gesellschaft: In der Schulzeit schon entwickeln sich in Chile enge Freundes- und Geschäftskreise, in die Neulinge nur schwer eindringen können. Auch zwischen den verschiedenen Gruppen kommt es kaum zu Berührungen. Der Status spielt dabei eine wichtige Rolle. Oft entscheidet der Nachname, das Wohnviertel oder die besuchte (private) Schule über die mögliche Aufnahme in den erwählten Kreis. Dies erschwert für den ausländischen Unternehmer und seine Familie das Einleben in Chile erheblich.

Abb. VII-10

C) Die Europäer aus Sicht der Chilenen

Die chilenischen Befragungsteilnehmer bestätigen den allgemein sehr guten Ruf der europäischen Unternehmen. Allerdings beschreiben einige ihr Verhältnis zu spanischen und britischen Firmen aufgrund des *Caso Pinochet* (vgl. Kap. III.2., Abb. III-8) als etwas gespannt. Langfristig sehen die chilenischen Unternehmen aber keine Gefährdung der Geschäftsbeziehungen. Als besonders förderlich für die Zusammenarbeit nennen sie folgende „europäische" Eigenschaften:

Was Chilenen an Europäern schätzen

Offenheit und Zuverlässigkeit: In ihrem Geschäftsgebaren und bei Entscheidungen im Unternehmen gelten die Europäer als besonders offen und zuverlässig. Ist der Grundstein für eine vertrauensvolle Zusammenarbeit gelegt, zeigen sie sich kooperationsbereit, konsensorientiert und lassen dem Partner ihre volle Unterstützung zukommen. Dies gilt auch für die Vermittlung und Weitergabe von Know-how im technischen und Managementbereich.

Effizienz und Professionalität: Viele Chilenen wollen von der europäischen Effizienz bei geschäftlichen Abläufen profitieren. Insbesondere Mittel- und Nordeuropäer gelten als Profis bei der Organisation und Optimierung von Prozessen. Geschätzt wird außerdem das systematische Denken, die Präzision und Qualität der Produktion sowie der Grad der Professionalität, den europäische Unternehmen während ihres Bestehens erworben haben.

Ziel- und Zukunftsorientierung: Europäer haben nach Ansicht der befragten Chilenen einen weiten Planungshorizont und legen genauso viel Wert auf langfristige strategische Entscheidungen wie auf deren taktische Ausführung. Ist eine Entscheidung getroffen, werden ausreichend Ressourcen bereitgestellt, um deren Durchführung zu garantieren.

Abb. VII-11

Die chilenischen Befragungsteilnehmer nennen auch Schwächen ihrer europäischen Partner, die über die regelmäßig geäußerte Kritik „Europäische Produkte sind gut, aber zu teuer" hinausgehen und zu einer Überprüfung des eigenen Verhaltens Anlaß geben können. Folgende Aspekte werden besonders häufig angeführt:

Was Chilenen an Europäern kritisieren

Hohe Erwartungshaltung: Die europäischen Standards für Qualität, Produktivität und Effizienz erscheinen vielen Chilenen als überzogen oder nicht erfüllbar. Nimmt die Umsetzung einen längeren Zeitraum in Anspruch, reagieren Europäer aus Sicht der befragten Chilenen ungeduldig und unkooperativ. Sie seien nur selten bereit, von ihren Erwartungen abzurücken und die Probleme ihrer Geschäftspartner und die besonderen Verhältnisse im Investitionsland zu berücksichtigen.

Sprachprobleme und Kulturverständnis: Die Sprachkenntnisse in Spanisch, aber auch die Englischkenntnisse, sind bei einigen europäischen Managern mangelhaft. Deshalb empfehlen viele Chilenen ihren Landsleuten, z.B. bei engen Kooperationen mit Unternehmen aus dem deutschsprachigen Raum, mindestens eine Person im Unternehmen zu haben, die gut Deutsch spricht. Außerdem kennen viele Europäer Mentalität und Lebensumstände in ihrem Gastland nur unzureichend und treffen aus Unwissenheit falsche Entscheidungen. Vielen höflichen Chilenen macht die europäische, insbesondere die deutsche Direktheit, die auch Kritik an der Sache und an Personen einschließt, sehr zu schaffen.

Pedanterie und Überheblichkeit: Nach Ansicht der befragten chilenischen Kooperationspartner sind viele Europäer zu korrekt, wenn es um Pünktlichkeit, Planungszeiträume und Planziele geht. Manche europäische Unternehmen sind ausschließlich vom „*European way of doing business*" überzeugt. Sie vergessen, daß ein chilenischer Partner oder Mitarbeiter besondere Anforderungen stellt und eine Übernahme von lokalem Know-how, Produkten etc. durchaus lukrativ sein kann. Insbesondere chilenische Angestellte beklagen sich, daß sie von europäischen Vorgesetzten nicht ausreichend gefördert werden und oft keine Chance bekommen, ihr Können unter Beweis zu stellen.

Abb. VII-12

VIII. Strategien und Tips für den Markteintritt - Schritt für Schritt zum Ziel

1. Stufenweiser Aufbau des Engagements - Zwischen Markterfolg und steigendem Risiko

Mittelständischen Unternehmen, die zum ersten Mal ein Engagement in Chile planen, fehlen häufig die notwendigen Ressourcen, Markterfahrung und Kontakte, um die Risiken einer Investition richtig einzuschätzen. Deshalb ist für einen Neuling im Chilegeschäft die sofortige Gründung eines Joint Ventures oder einer 100%igen Tochter wenig empfehlenswert. Im Rahmen einer schrittweisen Markterschließung sollten die Unternehmen zunächst durch Handelsgeschäfte Markterfahrungen sammeln, bevor über größere finanzielle Engagements entschieden wird. Wie Abb. VIII-1 zeigt, steigt mit jeder Investitionsstufe der Grad der Marktentwicklung und -durchdringung, aber auch das finanzielle Risiko an.

Formen des Markteintritts in Chile

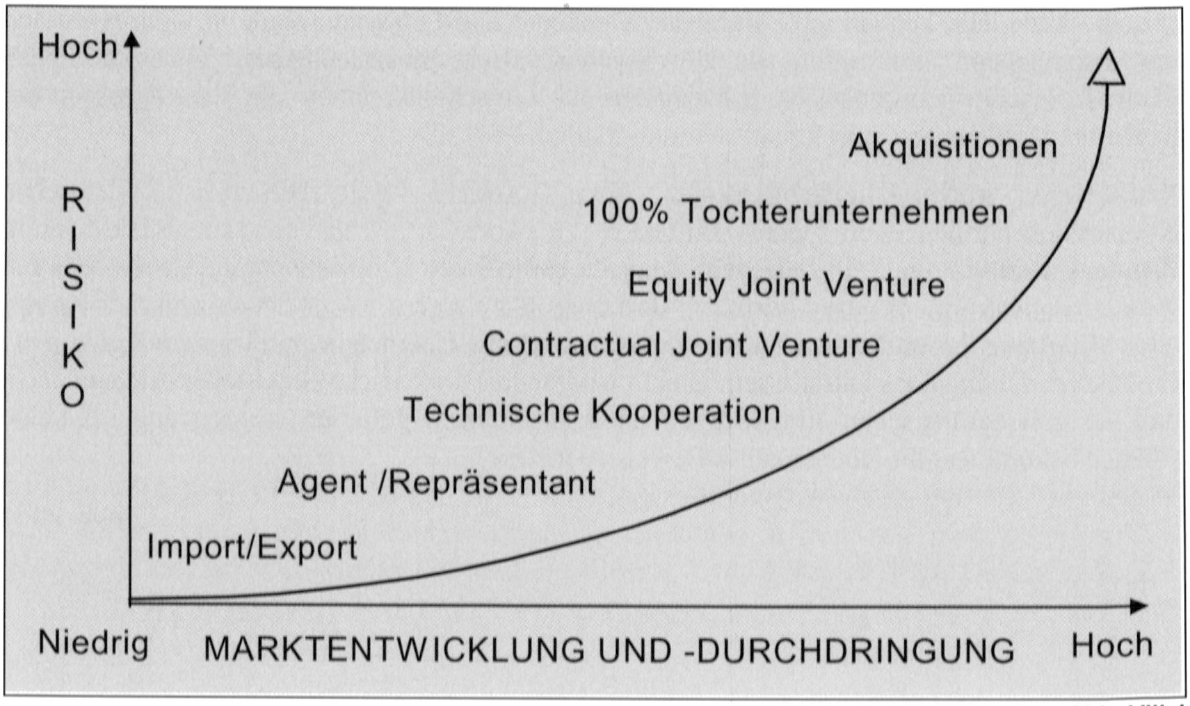

Abb. VIII-1

In einem ersten Schritt kann ein Unternehmen durch **Im- und Exportgeschäfte** wichtige Erfahrungen sammeln. Auf diesem Weg lassen sich erste Kontakte zu lokalen Unternehmen und Behörden knüpfen und die besonderen Anforderungen eines Direktengagements kennenlernen. Außerdem werden die Absatzchancen des eigenen Produktes mit geringem finanziellen Aufwand auf dem lokalen Markt getestet.

In einem zweiten Schritt lassen sich viele Unternehmen durch einen **Agenten bzw. Repräsentanten** vertreten. Dies bietet den Vorteil, einen Ansprechpartner vor Ort zu haben, der Geschäfte vermittelt oder im Namen der Firma abschließt. Bei erfolgreicher Zusammenarbeit besteht nach Aufbau eines Vertrauensverhältnisses die Option, im Falle einer Direktinvestition den Vertreter als Geschäftsführer oder Partner an das Unternehmen zu binden.

Einen weiteren Schritt können **Technische Kooperationen** mit einem lokalen Partner darstellen. Ein Beispiel ist die Lohn- oder Lizenzfertigung, also die Auftragsfertigung von eigenen Produkten oder Komponenten durch ein lokales Unternehmen. Neben dem überschaubaren finanziellen und personellen Aufwand bietet diese Form der Zusammenarbeit eine risikoarme Variante der Kontaktanbahnung. Viele europäische Unternehmen haben ihren späteren Joint Venture Partner zunächst mit Hilfe von Technischen Kooperationen auf gleichbleibend hohe Produktqualität und Lieferzuverlässigkeit getestet. Für diese Kooperationsform gibt es in Chile keine besonderen Auflagen.

Das Errichten von Produktionsstätten bzw. Niederlassungen bildet häufig die vierte Stufe eines langfristig ausgerichteten Engagements. Für Investoren, die Produktionsanlagen oder Marktkenntnisse eines lokalen Partners nutzen möchten, bietet sich die Gründung eines **Joint Ventures** mit oder ohne eigener Kapitalbeteiligung an. Investoren, die bereits über ein hohes Maß an Markterfahrung und die notwendigen Ressourcen verfügen oder die alleinige Geschäftsführung behalten wollen, wählen **100% Tochterunternehmen**.

Akquisitionen[1] (Fusionen sind eine Rarität) für Direktinvestitionen kommen insbesondere für Großunternehmen in Frage. Ziel ist, im Rahmen einer Expansionsstrategie beschaffungs- oder absatzpolitische Vorteile zu erlangen, wie z.B. die Marktbeeinflussung durch Ausschaltung eines Wettbewerbers. Investoren, die ihre Produktpalette erweitern oder in neue Geschäftsfelder vordringen möchten, erhalten durch den Erwerb eines Unternehmens Mitarbeiter, die bereits mit dem neuen Geschäft vertraut sind. Die Übernahme von Anlagevermögen, Organisationsstrukturen, Firmenwert oder Kunden-/Lieferantenbeziehungen beschleunigt das Durchdringen des harten chilenischen Marktes.

Akquisitionen (und Fusionen) waren 1997 für etwa 40% der Direktinvestitionen in Chile verantwortlich. In Zukunft werden Aufkäufe lokaler Firmen durch ausländische Unternehmen, z.B. auch durch Übernahme des Anteils eines vorherigen Joint Venture Partners, tendenziell weiterhin zunehmen.

2. Das Unternehmen in Chile - Ein Edelstein im Portfolio der Auslandsengagements

Für die meisten Befragungsteilnehmer hat sich ihr unternehmerisches Engagement in Chile ausgezahlt. Knapp 88% sind mit der *Performance* ihrer Unternehmen zufrieden und würden auf der Basis ihrer gewonnenen Erfahrungen noch einmal investieren (vgl. Abb. VIII-2).

[1] Damit gemeint ist der Erwerb eines lokalen (chilenischen oder ausländischen) Unternehmens.

Ist das chilenische Unternehmen auf Kurs?
Zufriedenheit der Investoren mit *Performance* ihres Unternehmens in Chile (in % der Befragten)

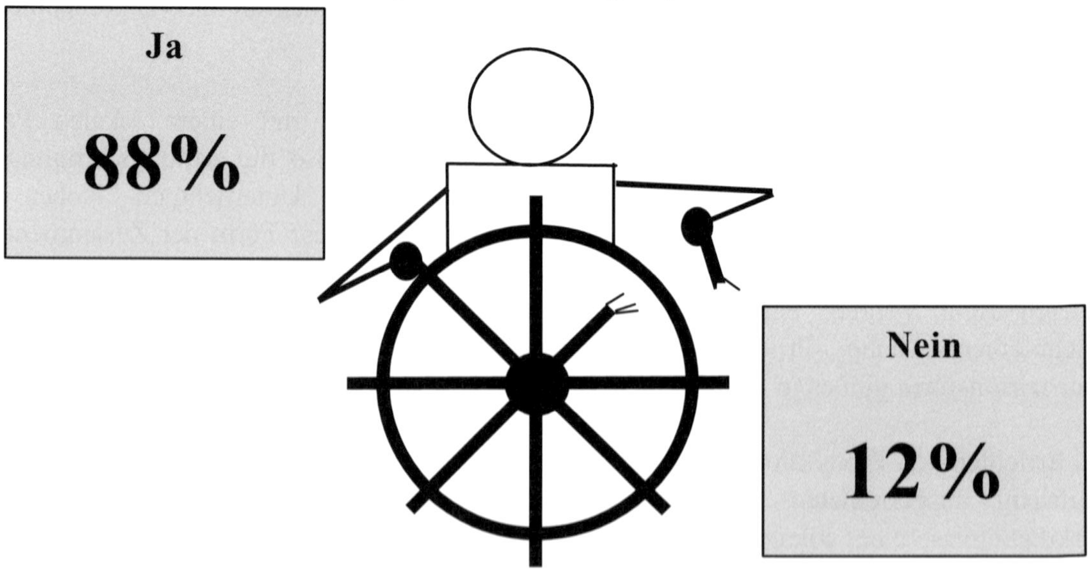

Abb. VIII-2

Gründe für diese positive Einschätzung sind nicht allein das Geschäftsvolumen oder die erreichte Umsatzrendite. Viele Befragungsteilnehmer berücksichtigen angesichts wachsender Märkte die künftige Umsatz- und Gewinnentwicklung sowie einen Vergleich der Ertragskraft zwischen dem chilenischen Unternehmen und anderen Auslandsinvestitionen des europäischen Mutterhauses. Fast die Hälfte beurteilt den Ertrag ihres chilenischen Betriebes im Vergleich mit anderen ausländischen Töchtern oder Joint Ventures positiv.

Deutliche Vorteile für das Stammhaus in Europa

Der Aufbau eines ersten Tochterunternehmens oder Joint Ventures ist für viele der befragten Unternehmen nur ein Schritt für die Erschließung weiterer lateinamerikanischer Märkte. Dabei bauen nur noch wenige ihre Stützpunkte völlig unabhängig voneinander auf. Der Trend geht eindeutig zu einer koordinierten Lateinamerikastrategie, bei der die Unternehmen Produktionszentren in einen gemeinsamen Fertigungsverbund einbinden und ein flächendeckendes Netz aus Verkaufs- und Servicestellen etablieren. Einige europäische Großunternehmen haben z.B. in Santiago de Chile eine eigene Zentrale gegründet, von der aus sämtliche Aktivitäten in den Andenstaaten koordiniert werden (vgl. Kap. IX.2.).

Nach Ansicht der Befragungsteilnehmer kann kein international ausgerichtetes Unternehmen langfristig eine Weltmarktposition einnehmen, ohne in den strategischen Märkten Lateinamerikas vertreten zu sein. In vielen Branchen ist der Wettbewerb um die besten Positionen Realität. Es gilt, sich jetzt Marktanteile zu sichern, um bei steigendem Absatzpotential einen langfristigen Vorteil gegenüber der Konkurrenz aufzubauen.

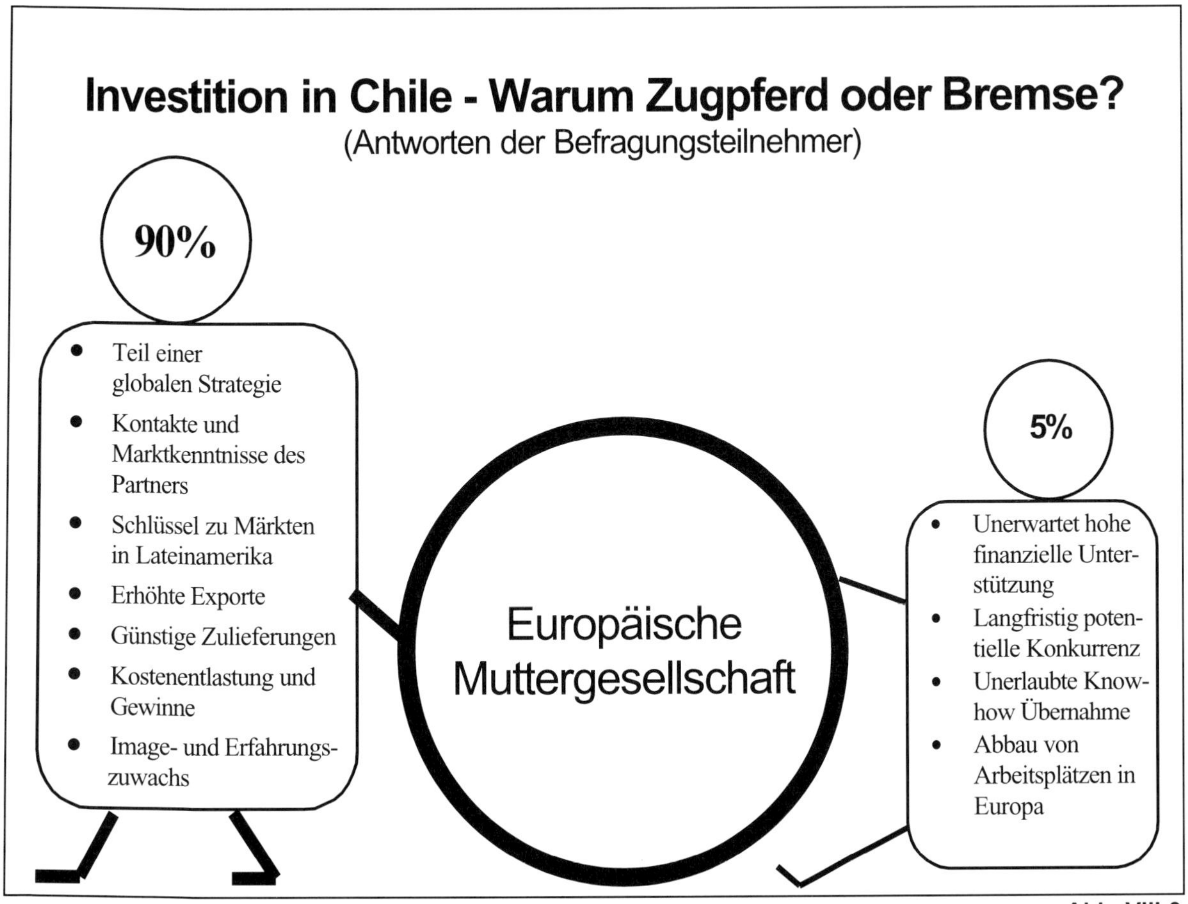

Abb. VIII-3

Unabhängig von der Unternehmensgröße bietet sich der Muttergesellschaft durch Ableger und Kooperationen im Ausland zusätzlicher Absatz. So kann das Stammhaus Komponenten und Know-how an das Unternehmen in Chile liefern oder das Vertriebsnetz eines lokalen Partners vor Ort für den Verkauf von europäischen Produkten nutzen.

In vielen mittelständischen Unternehmen trägt das Auslandsengagement außerdem entscheidend zum Erfahrungsgewinn in einem fremden Kulturkreis und Geschäftsumfeld bei. Europäische Unternehmen können die Kontakte des chilenischen Partners, aber auch der Zulieferer und Kunden nutzen, um in andere Märkte Lateinamerikas zu expandieren. Zudem führt die notwendige Anpassung der eigenen Produkte an die Bedürfnisse des chilenischen Marktes zur Entwicklung neuer, international absetzbarer Produkte für das gesamte Unternehmen.

Auf der Negativseite befürchten einige Firmen, daß eine Kooperation in Chile eine unerlaubte Übernahme von Technologien und Know-how durch lokale Mitarbeiter oder durch den chilenischen Partner fördert. Dies kann mittelfristig dazu führen, daß ein ehemaliger Partner zu einem Konkurrenten heranwächst. In Interviews geben ein paar Unternehmen (vielfach Joint Ventures oder gescheiterte Joint Ventures) an, daß bei ihnen eine unerlaubte Übernahme von Technologie aufgetreten ist. Über 70% der Tochterunternehmen wurden unter anderem gegründet, um das eigene Know-how zu schützen.

Spannungen zwischen der europäischen Muttergesellschaft und dem eigenen Unternehmen vor Ort treten in einigen Fällen auf, weil unerwartete Probleme, z.B. in der Produktion oder dem Vertrieb, ein Erreichen der Gewinnzone verzögern. Statt Erträge zu erhalten, schießt das

Stammhaus immer wieder finanzielle Mittel nach, um langfristig doch noch den Erfolg zu erreichen. 13% der befragten Unternehmen hatten in den ersten acht Jahren nach Geschäftsbeginn die Gewinnschwelle noch nicht erreicht.

3. Strategien & Tips zur Risikominimierung - Warum scheitern Unternehmen in Chile?

Im folgenden sollen die häufigsten Gründe für ein Scheitern und die größten Probleme, die bei Neuankömmlingen auftreten, aufgezeigt werden. Niemandem ist geholfen, wenn Unternehmen scheitern und neben der Enttäuschung über eine vertane Investitionschance auch noch der bittere Nachgeschmack von hohen finanziellen Verlusten verbleibt. Nur wer die Probleme kennt, kann sie vermeiden.

Um die Hintergründe für ein Scheitern zu analysieren, wurden die europäischen Unternehmen sowie zusätzlich Vertreter von gescheiterten oder in Auflösung begriffenen Unternehmen nach den wichtigsten Gründen für den Mißerfolg von Investitionen gefragt. Zum einen nennen die Befragten wirtschaftliche Gründe, wie die Unterschätzung des Wettbewerbs. Zum anderen spielen kulturelle Faktoren und die daraus resultierenden Mißverständnisse eine größere Bedeutung. Politische Risiken, z.B. staatliche Auflagen, Vetternwirtschaft oder protektionistische Maßnahmen, werden nicht genannt. Nach Ansicht der Unternehmen lassen sich potentielle Gefahrenquellen von vornherein vermeiden, wenn bestimmte Strategien zu einer Minimierung des geschäftlichen Risikos beachtet werden.

A) Wirtschaftliche Risiken - Information hilft Fehler zu vermeiden

Unterschätzung des Wettbewerbs

Die Öffnung des chilenischen Marktes in den 70er Jahren hat Chile zu einem der wettbewerbsintensivsten Märkte weltweit gemacht. Chilenische Unternehmen haben seitdem gelernt, sich im internationalen Wettbewerb durchzusetzen. In allen Branchen ist die Konkurrenz sowohl durch lokale als auch importierte Produkte in den letzten Jahren gestiegen. Viele Neueinsteiger erzielen entgegen ihrer Erwartung zunächst nur geringe Margen.

Tip Die befragten europäischen Unternehmen empfehlen, den Markt ernst zu nehmen und ihn vor Eintritt genau zu beobachten sowie gründlich zu analysieren. Hierzu zählt insbesondere das Ausloten der Preise der Konkurrenz. Ein überhasteter Einstieg kann das schnelle Ende der Geschäftsidee bedeuten. Wichtig für die erfolgreiche Markterschließung ist eine *Step-by-Step*-Strategie. In einem ersten Schritt werden über Handelsgeschäfte oder Lizenzabkommen Markterfahrungen und Kontakte gesammelt. Erst dann sollte die Entscheidung über den Ausbau des Engagements in Form eigener Produktionsstätten oder Niederlassungen getroffen werden.

Falsche Produkte und mangelnder Service

Der chilenische Markt ist ein Käufermarkt, und der Preiskrieg ist in allen Branchen hart. Produkte, die nicht den lokalen Vorstellungen von Qualität, Preis und Design entsprechen, haben in der Regel keine Chance. Ladenhüter oder technisch veraltete Geräte finden in Chile höchstens zu Schleuderpreisen einen Abnehmer. Neue Unternehmen werden oft von den hohen

Ansprüchen an Serviceleistungen überrascht und wundern sich, wenn sie ihre Kunden nicht halten können.

Der Neueinsteiger sollte zunächst prüfen, ob Bedarf für sein Produkt besteht und dieses den lokalen Verhältnissen angepaßt ist. Rund 40% der in der Studie befragten Unternehmen betreiben zumindest in kleinem Rahmen eigene Entwicklungsarbeit, um mit speziell angepaßten Produkten oder eigenen Entwicklungen den chilenischen Markt zu bedienen. Nach Ansicht der Befragungsteilnehmer haben Nischenprodukte die besten Absatzchancen. Hier gilt es, sich auf ein Segment zu spezialisieren und über einen hohen Marktanteil ein ausreichendes Absatzvolumen zu erzielen. Aber ob Nischen- oder Massenprodukt: Das Marketing und ein verläßlicher und effizienter Kundenservice sind in Chile mittlerweile ausschlaggebend für den Geschäftserfolg. „Der chilenische Kunde will schon zu Beginn des ersten Verkaufsgesprächs an die Hand genommen werden“, berichtet ein europäischer Manager. Wer einen guten Service anbietet, kann höhere Preise von bis zu 25% über dem Branchendurchschnitt durchsetzen. Um die Loyalität der Kunden zu sichern, sollte eine intensive Kundenbetreuung gewährleistet sein.

Schnellebige Unternehmerlandschaft

Der stark ausgeprägte Unternehmergeist der Chilenen treibt viele in die Selbständigkeit. Die Risikofreudigkeit liegt u.a. darin begründet, daß ein Scheitern der eigenen Firma in Chile weder psychologisch noch gesellschaftlich als Ruin empfunden wird. Die Unternehmerlandschaft ist somit durch ein Kommen und Gehen chilenischer Firmen geprägt. Diese Situation impliziert für kleinere *Newcomer*, daß sie zunächst als potentielle „Eintagsfliege“ auf dem Markt nicht ernst genommen werden. Großunternehmen sind hingegen dem plötzlichen Verschwinden ihrer Kunden oder Lieferanten ausgesetzt.

Kleinen europäischen Firmen, die in den Markt einsteigen, wird empfohlen, bei ihren (potentiellen) Kunden kontinuierlich „Klinken zu putzen“. Nur so setzt sich die eigene Beständigkeit und Seriösität in den Köpfen der bereits Etablierten fest. Umgekehrt sollten größere Unternehmen regelmäßig verläßliche Informationen (z.B.: bei Banken) über ihre Lieferanten einholen.

Unerlaubte Übernahme von Know-how

Europäische Unternehmen werden vor allem wegen des hohen technischen Standards ihrer Produkte oder Verfahren als Geschäfts- und Kooperationspartner geschätzt. Nach Aussage der chilenischen Partnerunternehmen bildet der Transfer von Technologie den wichtigsten Grund für eine Kooperation mit einem europäischen Betrieb. Ist das entsprechende technische Know-how in das Joint Venture eingebracht, kann die Versuchung für den lokalen Partner groß sein, Produkte und Verfahren ohne die Beteiligung des unbequemen Ausländers zu nutzen. In der Vergangenheit hat es Fälle gegeben, in denen europäische Partner unsanft aus Kooperationen gedrängt wurden oder ehemalige Mitarbeiter ausländischer Unternehmen sich mit gestohlener Technologie selbständig gemacht haben.

Betriebe sollten das Installieren technologieintensiver Prozesse und Verfahren in Chile kritisch prüfen. Im Zweifelsfall ist es besser, wichtige Komponenten des Produktes aus Europa zu liefern oder Techniker aus dem Mutterhaus mit sensiblen Arbeiten zu betrauen. Sollten sich ehemalige Mitarbeiter oder Partner in Chile mit übernommener Technologie selbständig gemacht haben, kann eine Anbindung des Konkurrenten an das eigene Unternehmen, z.B. durch einen Kooperations - oder Lizenzvertrag, sinnvoll sein. Bei technisch hochwertigen Produkten mit einem kurzen Lebenszyklus besteht geringe Gefahr für einen Technologieverlust. Deren Kopien sind bereits nach kurzer Zeit veraltet.

Gründe für ein Scheitern im chilenischen Markt

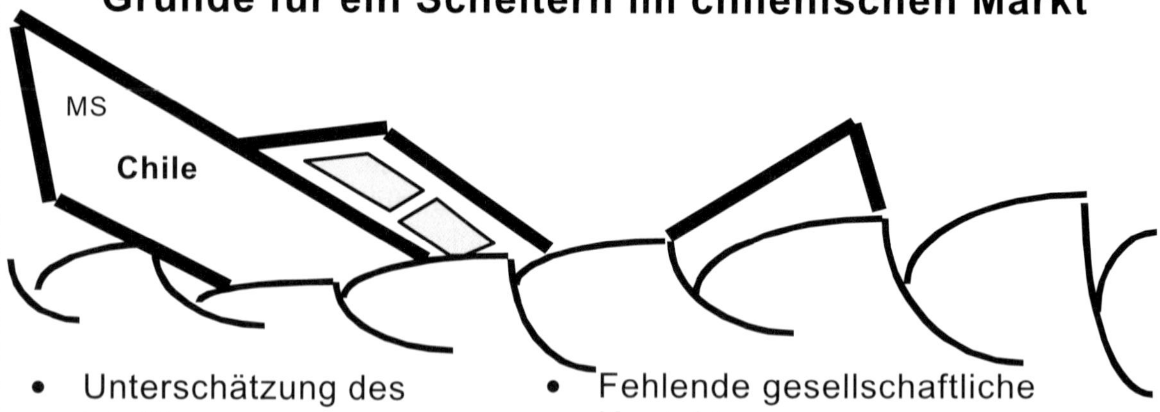

- Unterschätzung des Wettbewerbs
- Falsche Preise und mangelnder Service
- Schnellebige Unternehmerlandschaft
- Unerlaubte Übernahme von Know-how
- Fehlende gesellschaftliche Kontakte
- Leichtsinn bei Verhandlungen
- Wahl der Geschäftsleitung
- Unterschiedliche Zielvorstellungen
- Unzureichende Planung

Abb. VIII-4

B) Kulturelle Risiken - Mißverständnisse aufgrund falscher Erwartungen

Kontakte sind das A und O

Die Gesellschaft in Chile ist klein und geschlossen. Geschäftsbeziehungen entstehen und entwickeln sich aus persönlichen Beziehungen. Häufig sind die engsten Geschäftspartner der Chilenen alte Freunde aus der Schul- oder Studienzeit. Für Außenstehende ist es nicht einfach, in diese Netzwerke einzubrechen. Sie müssen zunächst viele persönliche Fragen über sich ergehen lassen, bevor Chilenen entscheiden, ob sie zum „Club“ gehören oder nicht.

Tip: Um in bestimmte Geschäftskreise einzudringen, müssen viel Zeit und Geduld in den Aufbau einer freundschaftlichen Geschäftsbeziehung investiert werden. Verhandlungen, Absprachen oder andere wichtige geschäftliche Angelegenheiten sollten nicht per Telefon, sondern im persönlichen Gespräch erfolgen. Die europäischen Unternehmen empfehlen, private oder berufliche Einladungen wahrzunehmen, da Kontakte auf allen Ebenen unerläßlich sind. Stellen Chilenen bei einem Fremden ein ehrliches und hohes Interesse an ihrem Land fest, ist oft die erste Hürde zum weiteren Aufbau einer privaten oder geschäftlichen Beziehung überwunden.

Verhandlungen - Vorsicht vor cleveren Chilenen

Innerhalb Lateinamerikas gelten die Chilenen als sehr harte Geschäftsleute. Sie profitieren von der langjährigen Erfahrung im internationalen Wettbewerb und setzen ihre Interessen gezielt durch. Mit großem Verhandlungsgeschick gestalten sie Verträge zu ihrem eigenen Vorteil. *Newcomer* im Markt sind nicht selten von der professionellen Vorgehensweise der Chilenen überrascht und in ersten Gesprächen ungenügend vorbereitet.

Tip: Es ist wichtig, in Verhandlungen frühzeitig den eigenen Standpunkt klar herauszustellen. Wer zu viel nachgibt, muß sich nicht wundern, wenn er ausgenutzt wird. Exakte Formulierungen von Vertragstexten sind für den Fall eines Konfliktes unabdingbar. Daher wird interessierten Unternehmen dringend geraten, sich zu Beginn der Vertragsverhandlungen einen guten Rechtsanwalt zu Rate zu ziehen.

Wahl der Geschäftsleitung

In Chile bereitet es keine Schwierigkeiten, hoch qualifizierte Führungskräfte zu finden. Jedoch sind sie nur schwer beim Unternehmen zu halten. Entweder machen sie sich selbständig oder lassen sich von einem verlockenden Angebot abwerben. Ein befragtes Unternehmen mußte sogar die bittere Erfahrung machen, daß nach einer Akquisition das übernommene chilenische Management kurz danach zur Konkurrenz wechselte. Übernimmt hingegen das europäische Unternehmen selbst die Geschäftsleitung, treten Probleme insbesondere dann auf, wenn die entsandten Mitarbeiter (Expatriates) aufgrund mangelnder Erfahrung auf die Verhältnisse vor Ort nur unzureichend vorbereitet sind. Expatriates, die noch kurz vor ihrer Pensionierung für einige Jahre nach Chile geschickt werden, haben manchmal nicht mehr die erforderliche Flexibilität und Lernbereitschaft für ein Arbeiten im lateinamerikanischen Umfeld.

Tip: Das Engagement in Chile sollte Chefsache sein! Die meisten befragten Unternehmen setzen einen Europäer an die Spitze des Unternehmens und besetzen die restlichen Top-Positionen (Finanzen, Marketing oder Personal) mit sehr gut qualifizierten Chilenen. Somit bleibt die Kontrolle fest in europäischer Hand. Die europäischen Unternehmen, die von einem chilenischen Manager geführt werden, haben sich bei der Wahl viel Zeit gelassen. Dann ist die Chance größer, einen Manager zu finden, der zur Unternehmenskultur paßt und an das Unternehmen gebunden werden kann. Wichtigste Einstellungskriterien sind lokale Marktkenntnisse, (Regierungs-) Kontakte, Zielübereinstimmung und internationale Erfahrung. Liegt die Geschäftsführung allein auf chilenischer Seite, sollte trotzdem eine wirksame Kontrolle, z.B. durch eine angemessene Vertretung im *Directorio* (Vorstand) oder durch regelmäßige Besuche vor Ort, gewährleistet sein. Für deutsche Unternehmen bietet sich eine praktische Lösung des Problems: Deutsch-Chilenen gelten als besonders loyal und sind daher heiß begehrt.

Unterschiedliche Zielsetzungen von Kooperationspartnern

Für viele Europäer ist die Gründung von Joint Ventures oder technischen Kooperationen nur ein Baustein ihrer internationalen Strategie. Sie erwarten von der Geschäftsführung vor Ort, daß sie sich international ausgerichteten Entscheidungen unterordnet, auch wenn sich dies im Einzelfall für das Gemeinschaftsunternehmen nachteilig auswirkt. Chilenische Unternehmer sind aber dafür bekannt, daß sie erwirtschaftete Gewinne lieber konsumieren als reinvestieren. Sie sind selten bereit, für einen Planungshorizont von 5 bis 10 Jahren zu investieren. Weiterhin kann es zu Differenzen kommen, wenn der lokale Partner Produkte des Joint Venture in andere ausländische Märkte exportieren will, die das europäische Mutterunternehmen bislang selbst bedient. Zielkonflikte treten insbesondere bei Fragen der Unternehmensführung, bei

Entscheidungen über neue Investitionen und bei der Verteilung von Erträgen des Joint Venture auf.

Nach Ansicht der befragten Unternehmen können viele Konflikte vermieden werden, wenn man bereits bei der Auswahl des Partners auf eine Kompatibilität der Zielvorstellungen und eine etwa gleiche Unternehmensgröße achtet. Als Faustregel gilt: Lieber keinen als den falschen Partner. Wirtschaftliche Schwächen und unterschiedliche Ziele des Kooperationspartners behindern unweigerlich eine erfolgreiche Zusammenarbeit. Außerdem empfehlen die Befragungsteilnehmer, wichtige Unternehmensziele bereits während der Vertragsverhandlungen schriftlich festzulegen und die dafür notwendigen Ressourcen bereitzustellen. Treten trotzdem Unstimmigkeiten auf, sollten die verschiedenen Positionen offen diskutiert und eine für beide Seiten akzeptable Lösung gefunden werden. Regelmäßiges Überprüfen von Zielen und Ergebnissen ist erforderlich, damit beide Seiten am gleichen Strang ziehen. Der Gang ohne Partner ist dabei immer einem Partner vorzuziehen, der einen ständig stolpern läßt.

Unzureichende Planung

Viele Unternehmungen werden nie operativ tätig, weil aufgrund unzureichender Planung wichtige Aspekte nicht berücksichtigt wurden. Angesichts der derzeitigen Globalisierungseuphorie treffen Unternehmen immer wieder überhastete Investitionsentscheidungen auf der Basis mangelhafter Informationen. Allein die Absicht eines Mutterunternehmens oder zweier Partner, ein Unternehmen in Chile zu gründen und einige Gläser Pisco[2] zur Besiegelung des Vorhabens zu trinken, ist für den Erfolg einer Unternehmung zu wenig.

Statt Gläserklirren verlangt das Vorbereiten und Implementieren eines Unternehmens eine detaillierte Planung auf der Basis verläßlicher Informationen, die Bereitstellung der notwendigen Ressourcen und ein regelmäßiges Überprüfen der Ergebnisse. Eine ausführliche Marktforschung und sorgfältige Standortplanung sollten selbstverständlich sein. Beide Aspekte wurden von vielen Unternehmen nachdrücklich empfohlen! Es reicht in der Regel nicht aus, einen Mitarbeiter von europäischer Seite einmal im Jahr für einen Kurzaufenthalt nach Chile zu entsenden. Nur kontinuierliches Interesse und Engagement führen zum Erfolg. Und auf den läßt sich dann ein Pisco trinken.

[2] Chilenischer Traubenschnaps; in Kombination mit Limonensaft (im Verhältnis 1:2 zum Pisco), Zucker, geschlagenem Eiweiß und Eiswürfeln als Aperitiv „*Pisco Sour*“ sehr beliebt.

IX. Ausblick - Chile als Verbündeter für die Expansion in Südamerika

1. Lateinamerika auf dem Weg ins neue Jahrtausend - Chile ist vorne dabei

Lateinamerikas liberale Wirtschaftsreformen Anfang der 90er Jahre brachten Erfolge: 1997 wiesen die Länder Lateinamerikas ein durchschnittliches Wirtschaftswachstum von 5,3% aus. Der beste Wert seit 25 Jahren. Die Inflationsrate sank im selben Jahr auf durchschnittlich 10,4%. Das Pro-Kopf-Einkommen (BSP) dieser Staaten einschließlich der Karibik betrug 1997 durchschnittlich US$ 3.940. Ein Vergleich insbesondere mit der Asien-Pazifik Region (US$ 970) zeigt, welche Kaufkraft in den lateinamerikanischen Märkten steckt.[1]

Die Volkswirtschaften dieser Region sind generell weiter entwickelt als andere *Emerging Markets*. Die Regierungen haben aus den Fehlern der 80er Jahre gelernt und nutzen ihre Erfahrung im Umgang mit Wirtschaftskrisen. So haben sich die lateinamerikanischen Länder angesichts des Ausmaßes negativer Schockwellen aus Asien und Rußland 1998 erfolgreich geschlagen. Zwar konnten sie sich den Wechselbädern auf den internationalen Finanzmärkten und dem Handelssektor nicht entziehen und müssen zunächst niedrigere Wachstumsraten von 2,3% für 1998 bis hin zu einem leichten Rückgang in 1999 hinnehmen. Es gibt aber zwei gute Nachrichten: Lateinamerika wird mit der Jahrtausendwende wahrscheinlich zu jährlichen Wachstumsraten von 2% bis 5% zurückkehren, wenn nicht neue Probleme hinzukommen. Die Inflationsrate hat sich in Lateinamerika seit 1996 stabilisiert und wird in den meisten Ländern der Region die 10%-Marke 1999 nicht überschreiten.[2]

Die gute *Performance* dieser Region zieht ausländisches Kapital an. Die dortigen Direktinvestitionen erreichten 1998 „historische" US$ 60 Mrd. Nach vorläufigen Schätzungen (ECLAC) wird auch für 1999 ein Kapitalstrom auf Vorjahresniveau erwartet. Portfolioinvestoren in den USA beurteilen nach einer Umfrage der *BankBoston* von 1998 die Gesamtentwicklung Lateinamerikas zuversichtlich. 66% der Befragten haben heute mehr Vertrauen in diese Märkte als noch vor 5 Jahren. Drei Viertel meinten, Lateinamerika manage seine Volkswirtschaften während der Asienkrise „ganz ordentlich" bis „gut".

Chile hat an der positiven Entwicklung Lateinamerikas einen bedeutenden Anteil. Das Land gehörte auch 1998 mit über US$ 5,7 Mrd. Zufluß an langfristigem Kapital wieder zu den Favoriten ausländischer Investoren. Chile allein zog ca. 9% aller in dieser Region realisierten Direktinvestitionen an und lag damit nur knapp hinter dem ungleich größeren Argentinien (11%).[3]

---

[1] Quellen: *United Nations Economic Commission for Latin America and the Caribbean* (ECLAC, auf spanisch CEPAL), Summary - *Economic Survey of Latin America and the Caribbean* 1998-1999; Weltbank, Jahresbericht 1999.
[2] Quellen: ebenda.
[3] Quelle: ProChile 11/1999; IMF 1999.

Fazit - Chile ist klein aber fein

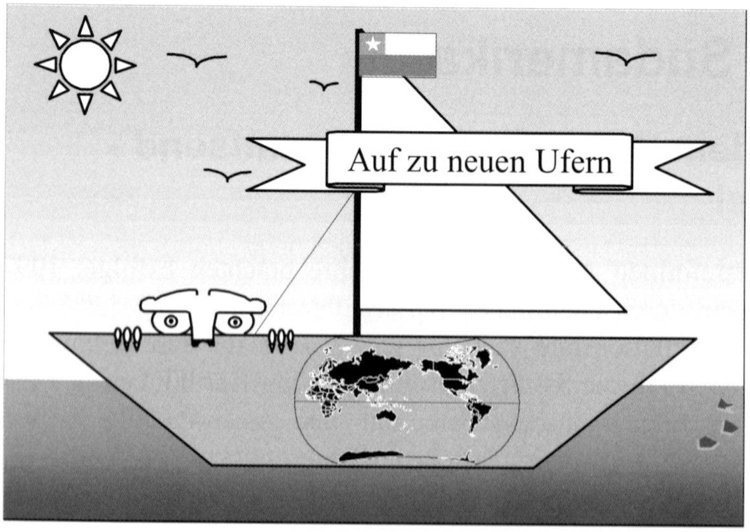

Abb. IX-1

Die Krallen des Pumas sind auf seinem steinigen Weg als Vorreiter in wirtschaftlichen und politischen Reformen in Lateinamerika vielleicht etwas stumpf geworden. Andere Nationen innerhalb der Region haben das erfolgreiche „chilenische Modell“ kopiert und den großen Vorsprung zum einstigen Musterland verringert. Der Standort Chile wird aber auch weiterhin eine Spitzenpositionen behaupten. Sie kommt nicht nur in den verschiedensten *Rankings* namenhafter internationaler Organisationen zum Ausdruck.[4] Die seit vielen Jahren liberale und investitionsfreundliche Wirtschaftspolitik hat die chilenische Wirtschaft viel stärker internationalisiert als in allen anderen Ländern Panamerikas. Wettbewerbsfähige Kostenstrukturen, internationale Qualitätsstandards sowie eine effiziente Unternehmensorganisation haben sich weitgehend durchgesetzt. Ein gut strukturierter Markt, eingebettet in stabile wirtschaftliche und politische Rahmenbedingungen, ist ein weiterer Vorzug des südamerikanischen Staates und macht Chile zum wohl wettbewerbsfähigsten Land der Region.

2. Visionen und Strategien der europäischen Investoren

Nachdem Handelsbarrieren und Restriktionen für ausländische Investitionen in der panamerikanischen Region signifikant abgebaut worden sind und Transportkosten weltweit tendenziell sinken, haben viele multinationale Unternehmen Lateinamerika in ihre globale Strategie eingebunden. Nicht mehr einzelne Länder, sondern Geschäftsfelder fungieren als *Profitcenter* mit der Folge einer zunehmenden Regionalisierung unternehmerischer Aktivitäten. Dieser Strategiewandel verschärft den Wettbewerb innerhalb der Region um ausländische Investitionen. Es ist schwierig vorherzusehen, wie sich die betroffenen Länder auf diese neue Situation einstellen werden. Einige Experten sprechen hinter vorgehaltener Hand davon, daß dies zu einem Neoprotektionismus in einigen lateinamerikanischen Staaten führen könnte[5]. Fest steht, daß sich Länder in einer zunehmend globalen Wirtschaft positionieren und ihre komparativen Vorteile nutzen müssen.

Chiles Stärke liegt in seiner Schlüsselrolle als Mittler zwischen Asien und Lateinamerika, Europa und Lateinamerika, aber auch zwischen Nord- und Südamerika. Es versucht mit gutem Erfolg, seine weltweiten Handelskontakte durch bilaterale Abkommen, der Anbindung an

---

[4] Chile schneidet in Mittel- und Südamerika bei internationalen Rankings immer wieder am besten ab, z.B. 1998 *Capital Access Index* (*Milken Institute*), 1998 *Global Competitiveness Report* (*World Economic Forum*), 1999 *Corruption Perceptions Index* (*Transparency International*), 1999 *Survey by Arthur Andersen /Fortune Magazine about best cities to do business in LA* (Santiago de Chile), 1999 *Index for Economic Freedom* (*The Wall Street Journal / Heritage Foundation*), Länderbonität 1999 (*Institutional Investor*) etc.

[5] Exkurs: Venezuela könnte vielleicht dafür ein Beispiel sein. Die Quo-vadis-Politik des 1999 an die Macht gewählten Präsidenten Hugo Chávez hat zur Verunsicherung ausländischer Investoren geführt. Ergebnis: Das erdölreiche Land steckt in einer tiefen Rezession. Bei der Erhöhung der Rohölpreise um 150% von Februar bis Dezember 1999 eigentlich ein Kunststück.

regionale Handelsblöcke (z.B. Mercosur) und durch einseitige Öffnung seiner Märkte auszubauen und zu sichern (Politik des „offenen Regionalismus"). Große chilenische Unternehmen beschränken sich nicht nur auf den reinen Export ihrer Produkte, sondern werden selbst immer mehr zu Investoren in Schlüsselindustrien der Region (z.B. Energieversorgung), um die Zulieferwege zu kontrollieren und damit den Absatz eigener Produkte zu fördern.

Viele befragte europäische Unternehmen nutzen durch ihre chilenischen Tochtergesellschaften und Kooperationen diese Vorteile: Erstens profitieren sie von den internationalen Vertriebskanälen der Chilenen und ersparen sich so den mühseligen und kostspieligen Aufbau eines eigenen Netzes. Zweitens suchen sie strategische Partnerschaften mit lokalen Unternehmen, um mit gemeinsamen Direktinvestitionen in den südamerikanischen Kontinent zu expandieren.

Einige Befragte sehen in Chile einen Testmarkt für ihre neuen Produkte oder Technologien. Für Chile als „Erkenntnisobjekt" sprechen ein kleiner überschaubarer, aber hart umkämpfter Markt, die Professionalität chilenischer Geschäftsleute und hohe Kundenansprüche. Wenn heute Produkte auf dem chilenischen Markt Erfolg haben, eignen sie sich zumindest mittelfristig auch für andere lateinamerikanische Märkte, wenn diese durch ihre fortschreitende Liberalisierung und Öffnung wettbewerbsintensiver werden.

Interessant erscheint auch die Strategie einiger Unternehmen, Chile zur Steuerungszentrale bzw. zum *Regional Headquarter* für die kleineren lateinamerikanischen Länder (z.B. Andenstaaten) in Südamerika zu machen. Dies mache mehr Sinn, als kleine Märkte einfach an große zu hängen. Große Märkte erfordern eine andere strategische Vorgehensweise als ein kleiner Binnenmarkt mit kritischer Masse. Chile könnte im Rahmen einer Regional- oder Pazifikstrategie der *Primus inter pares* werden und die Geschäftssteuerung übernehmen. Manche Befragungsteilnehmer sehen das Land wegen seiner günstigen Lage am Pazifik als zukünftiges Tor für Warenströme aus Südamerika in die Asien-Pazifik Region, wenn die Transportwege der Nachbarn nach Chile spürbar verbessert werden können.[6]

Im Vergleich zur generellen Dominanz nordamerikanischer Firmen in Lateinamerika, insbesondere Mittelamerika, sind europäische Unternehmen in Chile längst keine Exoten mehr. Im Gegenteil: 34% der Direktinvestitionen kamen 1998 aus Ländern der Europäischen Union, die die USA als größten Investor (22,3%) in Chile verdrängten.[7] Der Einfluß Europas auf die chilenische Wirtschaft sollte daher nicht unterschätzt werden.

Auch mittelständische Betriebe in Europa müssen und können sich auf die Globalisierung der Wirtschaft einstellen. Eine Konzentration auf heimische Märkte wird angesichts der steigenden weltweiten Konkurrenz zunehmend schwerer. In Zukunft werden diejenigen Unternehmen international erfolgreich sein, die auch im panamerikanischen Raum über eine starke Marktposition verfügen. Die meisten kleinen und mittleren Unternehmen sind mit ausreichend Ressourcen ausgestattet, um mit Handelsgeschäften, Vertretungen vor Ort oder sogar mit Fertigungsstätten die Potentiale des chilenischen Marktes zu nutzen.

---

[6] So sind z.B. im Winter nicht selten die Straßen, die von Argentinien über die Anden nach Chile führen, schwer oder gar nicht passierbar.

[7] Quelle: ProChile 1999. Die größten europäischen Investoren in 1998 waren Spanien (US$ 897,2 Mio.), das Vereinigte Königreich (US$ 532,6 Mio.) und die Niederlande (US$ 168,9 Mio.).

Die vorliegende Studie möchte Unternehmen auf ihrem Weg nach Chile unterstützen und die Chancen und Risiken eines Auslandsengagements aufzeigen. Anschließende Vergleichsstudien der Autoren werden verschiedene Investitionsstandorte bezüglich ihrer Stärken und Schwächen miteinander vergleichbar machen. Jedes Unternehmen kann auf der Basis dieser Informationen und seiner unternehmensinternen Ressourcen entscheiden, ob sich ein Engagement in Lateinamerika lohnt und welcher Standort für eine Investition am besten geeignet ist.

Nützliche Internet-Adressen

Central Source
http://lanic.utexas.edu
Hilfreich, wenn man nicht genau weiß, wonach man sucht; ein bißchen von Jedem; zahlreiche Links.

Country Guides - Chile
http://www.tdb.gov.sg/country/chile/chile.htm
Gut für die detaillierte Informationssuche; zahlreiche Links zu interessanten Informationsquellen jeder Art.

ProChile
http://www.chileinfo.com/index.html
Umfassende Datenbank über chilenische Unternehmen und Produkte sowie sehr aktuelle Informationen für Geschäftsleute. Eine Suchmaschine erleichtert das Finden.

Latin Trade Magazine
http://www.latintrade.com/index.html
Gute Quelle für alles, was mit Geschäften in Lateinamerika zu tun hat; benutzerfreundlich gestaltete Seiten. Empfehlenswert sind z.B. die *Country Reports* mit sehr guten Links.

Guide to Business in Chile
http://www.businesschile.com/
Benutzerfreundlich gestaltet mit breitem Spektrum an geschäftlich relevanten Informationen. Die Seite wird von chilenischen und internationalen Firmen in Chile gesponsort. Wohl deshalb betont der Autor seine absolute Unabhängigkeit und Autonomie in der Meinungsbildung.

Chile's Business Directory
http://www.chilnet.cl/
Ein Gemischtwarenladen aus Branchenverzeichnis, Informationen über die Börse und das Wetter; reichlicher Fundus an Suchmaschinen für Spanisch, Englisch und Chilenisch. Witzig, aber selten (oder nie?) erfolgreich: der *People Finder*.

MERCOSUR Trade & Investment Report
http://www.mercosurinvestment.com/
Informationen zu Rechts- und Handelsentwicklungen im südamerikanischen Markt Mercosur mit den Ländern Brasilien, Argentinien, Paraguay, Uruguay, Chile und Bolivien. Ausführliche Länderberichte, die allerdings nur jährlich aktualisiert werden.

Aktion Chile 2000
http://www.a2000.cl/index_i.html
Alles dreht sich um das Jahr 2000 Problem in Chile. Von den Vereinten Nationen (Internationalem Zentrum für Zusammenarbeit Y2K) unter den 20 besten Seiten dieser Art eingestuft.

Komitee für Auslandsinvestitionen (CIE)
http://www.cinver.cl/home.html
Der Name verpflichtet. Aktuelle Informationen und Statistiken rund um das Thema Investitionen, z.B. Förderung bilateraler Wirtschaftsbeziehungen, Investitionsschutzabkommen und Investitionen nach dem DL 600.

Zentralbank von Chile
http://www.bcentral.cl/
Wirtschafts- und Finanzdaten über Chile. Wer auf Zahlen steht, es ganz genau wissen will und richtig sucht...

Inter-American Development Bank (IDB)
http://www.iadb.org/exr/ENGLISH/index_english.htm
Die Entwicklungsbank stellt gutes und aktuelles statistisches Material sowie Analysen zur Verfügung.

World Bank Group - Latin America and Caribbean (LAC)
http://wbln0018.worldbank.org/external/lac/lac.nsf
Jahresberichte und Daten jeder Art von über 30 Ländern der Region „Lateinamerika und die Karibik (LAC)".

United Nations Economic Commission for Latin America and the Caribbean (ECLAC, auf spanisch CEPAL)
http://eclac.org/
Schwerpunkt auf Region Lateinamerika mit globalem Bezug; landesspezifische Informationen und einige interessante Berichte teilweise nur in Spanisch.

Grupo de Diarios
www.gda.com
Links zu wichtigen Tageszeitungen aus ganz Lateinamerika. Etwas irreführend: Navigationshinweise sind zum Teil auf Englisch, jedoch die Inhalte nur in Spanisch.

Europäische Union (EU)
http://europa.eu.int/index.htm
Das Parlament, der Rat, die Kommission, der Gerichtshof, der Rechnungshof und alle übrigen Organe der Europäischen Union (EU) stellen dort ihren Server vor. Die **Generaldirektion 1B (DG 1B)**, http://europa.eu.int/en/comm/dg1b/index.htm, ist zuständig für die auswärtigen Beziehungen u.a. zu Lateinamerika und gibt Informationen über Förderprogramme (z.B. ECIP, AL-INVEST).

European Commission Market Access Database
http://mkaccdb.eu.int/
Sehr umfangreiche Datenbank der Europäischen Kommission über formale wie informelle Barrieren für den Marktzugang; übersichtlich nach Ländern und Branchen strukturiert.

European-Latin American Cooperation
http://www.eulabis.com/cope.htm
Auflistung von allem, was mit den Beziehungen zwischen der Europäischen Union (EU) und Lateinamerika (LA) zu tun hat. Links zu Abkommen, Kooperationsprogrammen und den bilateralen EU-LA Industrie- und Handelskammern.

CORFO

CORPORACION DE FOMENTO DE LA PRODUCCION

CORFO – Die 1939 geschaffene chilenische Wirtschaftsförderungsgesellschaft ist als staatliche Einrichtung für die Förderung der Produktionstätigkeit in Chile zuständig.

Der Schwerpunkt ihrer Tätigkeit liegt in der Förderung von Wettbewerbsfähigkeit und Innovation bei privaten, insbesondere bei kleinen und mittelständischen Unternehmen.

CORFO unterstützt den Modernisierungsbedarf der Unternehmen in Chile zur Steigerung ihrer Wettbewerbsfähigkeit durch:

- regionales Sonderprogramm *TODOCHILE* zur Förderung von Privatinvestitionen in den verschiedenen Regionen Chiles insbesondere durch Hilfestellung und Beratung ausländischer Investoren
- Teilfinanzierung von Projekten im Bereich der technologischen Entwicklung durch Innovationsfonds
- Teilfinanzierung von Unternehmen, die ihre Modernisierung gemeinsam angehen, über assoziative Förderungsprojekte und Entwicklungsprogramme für Zulieferer
- Förderung zur Etablierung verbesserter Managementmethoden bei kleinen und mittelständischen Unternehmen mittels Fachberatungsfonds
- Vermittlung langfristiger Bankkredite für Investitionen in kleinen und mittelständischen Unternehmen

Francisco Troncoso, Direktor für Internationale Beziehungen
Tel.: +56-2-6318818; Fax: +56-2-6711058; Fax: +56-2-6711328
e-mail: ftroncoso@corfo.cl
Cristian Moreno, Abteilung für Auslandsinvestitionen
Tel.: +56-2-6318698; Fax: +56-2-6381058; email: cmoreno@corfo.cl
Webseite: www.corfo.cl
Adresse:
Moneda 921
Santiago - Chile

OSEC: Für Ihr Engagement in Chile bieten wir Ihnen die folgenden Dienstleistungen an

Marktabklärungen

- Kennzahlen zu Ihrer Branche (Marktvolumen, Potential, Zielgruppen, Trends etc.)
- Landesspezifische Besonderheiten (Vorschriften, Zulassungen, Zölle, Normen, Steuern, rechtliche Auflagen)
- Analyse der Absatzkanäle und der wichtigsten Mitbewerber
- Identifikation der Werbe- und Verkaufsförderungsmöglichkeiten (Fachpublikationen, Messen, Analyse des Konsumverhaltens der Zielgruppe etc.
- SWOT-Analysen für den Markteinstieg

Vermittlung von geeigneten Geschäftspartnern

- Gemeinsame Festlegung der Anforderung an den zukünftigen Partner
- Suche und Evaluation potentieller Geschäftspartner mit Firmenprofil
- Bewertung der Interessenten (Infrastruktur, Finanzen, Referenzen, etc.)

Marktbearbeitung

- Coaching bei Markteintritt und -bearbeitung
- Erstellen von Marketingplänen

Warum mit uns zusammenarbeiten?

- Export-Knowhow ist unser «daily business». Jedes Kundenanliegen bedarf einer spezifischen Lösung. Unsere Exportberater sind in der Lage, Ihnen dazu konkrete Massnahmen aufzuzeigen.
- Wir bürgen für Qualität und Professionalität. Unsere Berater verfügen über langjährige, fundierte Kenntnisse im chilenischen Markt.

Kontaktieren Sie uns:

**Schweizerische Zentrale
für Handelsförderung OSEC**
Exportberatung Lateinamerika
Stampfenbachstrasse 85
Postfach 492
CH-8035 Zürich

Tel 01/365 51 51
Fax 01/365 52 21
Email info@osec.ch

Publikationsverzeichnis

- Gessner, P., Gerz, C., Siemsen, H.: **Focus Chile - Visionen und Tips für die intelligente Markterschließung**, Global Strategy Series, gemeinsam mit der Deutsch-Chilenischen Industrie- und Handelskammer, PROCHILE, CORFO und der Schweizerischen Zentrale für Handelsförderung (OSEC), Erscheinungsdatum Januar 2000.

- Fielitz, M., Gerz, C., Gessner, P., Siemsen, H.: **„Checkliste Lateinamerika" - Ein Leitfaden zum Markteinstieg in lateinamerikanische Märkte**, Rationalisierungs- und Innovationszentrum der Deutschen Wirtschaft e.V. (RKW), Eschborn, Januar 2000.

- Siemsen, H., Gerz, C.: **Focus Mexiko - Visionen und Tips für die intelligente Markterschließung**, Global Strategy Series, gemeinsam mit der Deutschen Investitions- und Entwicklungsgesellschaft (DEG), der Deutsch-Mexikanischen Industrie- und Handelskammer (CAMEXA) und der Schweizerischen Zentrale für Handelsförderung (OSEC), Köln, Oktober 1998.

- Siemsen, H., Geissbauer, R.: **Investing in China, India and Indonesia**, gemeinsame Publikation von Roland Berger & Partner GmbH, des Deutschen Industrie- und Handelstages (DIHT) und des APA (Asien-Pazifik Ausschuß der Deutschen Wirtschaft), München, März 1997.

- Siemsen, H., Geissbauer, R.: **Direktinvestitionen in China, Indien und Indonesien**, Publikation der Deutschen Industrie- und Handelstages (DIHT) und des APA (Asien-Pazifik Ausschuß der Deutschen Wirtschaft), Bonn, Juni 1996.

- Geissbauer, R.: **Wirtschaftspartner China**, Economica Verlag, Bonn, 2. Auflage April 1996.

- Gerz, C.: **Doing Business in El Salvador** (Dt.), Deutsch-Salvadorianische Industrie- und Handelskammer , San Salvador, Oktober 1995

- Geissbauer, R., Siemsen, H.: **Erfolgsstrategien für den indischen Markt**, Publikation der Deutsch- Indischen Handelskammer (DIHK) und der DEG - Deutsche Investitions- und Entwicklungsgesellschaft mbH, Düsseldorf und Köln, September 1995.

Weitere Studien aus der Gl🌐bal Strategy Series in Planung:

- Mahmood, T., Siemsen, H.: **Focus Pakistan** (Engl.), Erscheinungsdatum Anfang 2000.
- Gessner, P., Gerz, C., Siemsen, H.: **Europäische Investitionen in Brasilien, Chile und Mexiko im Vergleich**, Erscheinungsdatum Februar 2000.
- Gerz, C., Siemsen, H.: **Focus Mexico - Visions and Tips for the Comprehensive Market Access** (Engl.), Erscheinungsdatum Februar/März 2000.
- Gessner, P., Gerz, C., Siemsen, H.: **Focus Chile** (Engl.), Erscheinungsdatum Frühjahr 2000.
- Siemsen, H., Gerz, C.: **Focus Brazil** (Engl.), Erscheinungsdatum Mitte 2000.
- Gerz, C., Siemsen, H.: **Europäische Direktinvestitionen in Mexiko und Brasilien im Vergleich**, Erscheinungsdatum voraussichtlich Ende 2000.
- **Focus India** (Engl.), Erscheinungsdatum voraussichtlich Ende 2000.